Das Alphabet

		名　称	音　価					名　称	音　価	
A	**a**	[aː]	[aː] [a]			**Ä**	**ä**	[ɛː]	[ɛː] [ɛ]	
B	**b**	[beː]	[b] [p]							
C	**c**	[tseː]	[k]							
D	**d**	[deː]	[d] [t]							
E	**e**	[eː]	[eː] [ɛ] [ə]							
F	**f**	[ɛf]	[f]							
G	**g**	[geː]	[g] [k]							
H	**h**	[ha]	[h] [ː]							
I	**i**	[iː]	[iː] [i] [ɪ]							
J	**j**	[jɔt]	[j]							
K	**k**	[ka]	[k]							
L	**l**	[ɛl]	[l]							
M	**m**	[ɛm]	[m]							
N	**n**	[ɛn]	[n]							
O	**o**	[oː]	[oː] [ɔ]			**Ö**	**ö**	[øː]	[øː] [œ]	
P	**p**	[peː]	[p]							
Q	**q**	[kuː]	[kv] (← qu)							
R	**r**	[ɛr]	[r]							
S	**s**	[ɛs]	[s] [z]							
T	**t**	[teː]	[t]							
U	**u**	[uː]	[uː] [ʊ]			**Ü**	**ü**	[yː]	[yː] [ʏ]	
V	**v**	[faʊ]	[f] まれに [v]							
W	**w**	[veː]	[v]							
X	**x**	[ɪks]	[ks]							
Y	**y**	[ýpsilɔn]	[yː] [ʏ]							
Z	**z**	[tsɛt]	[ts]							
	ß	[ɛstsɛ́t]	[s]							

Landeskunde
DEUTSCH

Tatsuo NAGAI

HAKUSUISHA

―― 音声ダウンロード ――

  この教科書の音源は、白水社ホームページ（https://www.hakusuisha.co.jp/news/n58766.html）からダウンロードすることができます。（お問い合わせ先：text@hakusuisha.co.jp）

　　吹込者：Marei Mentlein
　　　　　　Matthias Wittig

　　吹込み箇所：つづりと発音の原則，例文，Dialog, 語彙を増やそう，練習問題
　　　　　　（アルファベートの発音は DL002 に収録しています）

表紙・本文挿入写真　永井達夫
装丁・本文レイアウト　森デザイン室

まえがき

みなさん、はじめまして。これからいっしょにドイツ語を学んでいきましょう。

この教科書は全体が 12 課でできています。各課はどれも同じような構成になっています。その構成要素の特徴と学び方のアドバイスを述べますので、まず最初に頭に入れておいてください。

・文法

文法という言葉を聞いただけで、これ難しいんだよなと尻込みしていませんか。けれども文法は新しい言葉を学ぶときに、魔法の杖のように役に立ちます。この杖がうまく使えるようになるポイントは、教室で先生が話されることをよく聞くことと、教科書の表や図をしっかりと読み解くことです。

・＋αの知識

すぐに必要ではないが知っていると理解が広がる文法知識を厳選して載せています。

・対話テキスト

この教科書の表題にもなっているランデスクンデのコーナーです。ランデスクンデとはその「国や地方の知識」という意味です。載せている写真はどれも著者が自分で撮った写真です。その場所にザーラとユキがいます。みなさんはその近くでふたりの会話を聞いています。会話にはその課の文法事項が出てきますので、そこに注意して読んでいきましょう。

・語彙を増やそう

知っている単語が増えていくとあなたのドイツ語の世界もさらに拡がっていきます。「対話テキスト」同様、声に出しておぼえるのがよいでしょう。

・練習問題

自分で問題を解くことでその課のまとめができるようにしています。一度解いて終わりではなく、何度も繰り返しやると、復習にもなって、効果的です。

ところでみなさん、ドイツ語に限らず語学を学ぶうえでもっとも大切なことはなんだと思いますか？　それは楽しく学ぶことです。この教科書がそのお役に立てれば、とてもうれしいです。

2025 年 春

著者

目 次

まえがき　3
つづりと発音の原則／母音／複母音／子音と複子音／外来語の注意点　6

Lektion 1　Grammatik　人称代名詞／動詞の現在人称変化／基本的な語順　8
　　　　　　　Dialog　Frankfurt am Main, Abfahrt
　　　　　　　「フランクフルト・アム・マイン、さあ出発」
　　　　　　　語彙を増やそう　あいさつ

Lektion 2　Grammatik　名詞の性と格／定冠詞の格変化／不定冠詞の格変化　12
　　　　　　　Dialog　Frankfurt am Main, Goethe-Haus
　　　　　　　「フランクフルト・アム・マイン、文豪ゲーテの生家」
　　　　　　　語彙を増やそう　家族

Lektion 3　Grammatik　不規則動詞の現在人称変化／命令形／名詞の複数形　16
　　　　　　　Dialog　Speyer, der „Kaiserdom"
　　　　　　　「シュパイアー、皇帝たちが眠る大聖堂」
　　　　　　　語彙を増やそう　数

Lektion 4　Grammatik　定冠詞類／不定冠詞類／否定文の作り方　20
　　　　　　　Dialog　Rothenburg ob der Tauber
　　　　　　　「ローテンブルク、城壁に囲まれた町」
　　　　　　　語彙を増やそう　自己紹介のための語彙

Lektion 5　Grammatik　人称代名詞の格変化／再帰代名詞の格変化／非人称の es　24
　　　　　　　Dialog　Aachen, die Stadt Karl des Großen
　　　　　　　「アーヘン、カール大帝の都」
　　　　　　　語彙を増やそう　部屋にあるもの

Lektion 6　Grammatik　前置詞の格支配／従属の接続詞と副文　28
　　　　　　　Dialog　Salzburg, eine schöne Stadt in Österreich
　　　　　　　「ザルツブルク、オーストリアの美しい町」
　　　　　　　語彙を増やそう　外出

Lektion 7　Grammatik　話法の助動詞／分離動詞と非分離動詞　32
　　　　　　　Dialog　　Kölner Dom
　　　　　　　　　　　　「ケルン、民族の記念碑、ケルン大聖堂」
　　　　　　　語彙を増やそう　曜日・月名・季節

Lektion 8　Grammatik　動詞の過去基本形／過去形の使い方／形容詞・副詞の比較　36
　　　　　　　Dialog　　Trier
　　　　　　　　　　　　「トリーア、ドイツ最古の都市」
　　　　　　　語彙を増やそう　人名

Lektion 9　Grammatik　現在完了形／ werden を助動詞で使う未来形　40
　　　　　　　Dialog　　Calw, Geburtsstadt von Hesse
　　　　　　　　　　　　「カルフ、ヘルマン・ヘッセが生まれた町」
　　　　　　　語彙を増やそう　日本語になったドイツ語

Lektion 10　Grammatik　形容詞の格変化／序数　44
　　　　　　　Dialog　　Völklinger Hütte
　　　　　　　　　　　　「フェルクリンゲン、世界遺産の製鉄所」
　　　　　　　語彙を増やそう　色の名前

Lektion 11　Grammatik　受動文／ zu 不定詞句　48
　　　　　　　Dialog　　München, Bier, Wurst, Fest
　　　　　　　　　　　　「ミュンヒェン、バイエルンの都」
　　　　　　　語彙を増やそう　日本語由来のドイツ語

Lektion 12　Grammatik　定関係代名詞／接続法　52
　　　　　　　Dialog　　Ein Schloss, das man im Traum gesehen hat
　　　　　　　　　　　　「ノイシュヴァンシュタイン、夢に見た城」
　　　　　　　語彙を増やそう　英語由来のドイツ語

ドイツ語で自己紹介　56
不規則動詞変化表

つづりと発音の原則 アルファベートは見返し参照

▶002

- 1字1音のローマ字式に読む。名詞の先頭は大文字にする。
- アクセントは原則として先頭の母音にある。
- 外来語は発音・アクセントの決まりにとらわれない。

1．母音（母音には長短の区別がある）

- 後の子音が1個以下なら長く、2個以上なら短くなるのが原則。

▶003

a [aː/a]	Name 名前	danken 感謝する	Anna 人名
e [eː/ɛ/ə]	leben 生きる	Bremen ドイツの地名	Tennis テニス
i [iː/ɪ]	Kino 映画館	bitte どうぞ	Grimm 人名
o [oː/ɔ]	Brot パン	Dom 大聖堂	Bonn ドイツの地名
u [uː/ʊ]	du きみは	gut 良い	null ゼロ
ä [ɛː/ɛ]	Dänemark デンマーク	Händel 人名	Länge 長さ
ö [øː/œ]	Flöte フルート	Köln ドイツの地名	Göttingen ドイツの地名
ü [yː/ʏ]	grün 緑の	fünf （数の）5	Düsseldorf ドイツの地名

- 「重母音」「母音+h」は長く読むためのつづり

	Boot ボート	Aal うなぎ	Tee 茶
	fahren 乗り物で行く	gehen 行く	Kuh 牛
(音節末で弱母音に) -r/-er [ɐ]	Bär クマ	Uhr 時計	Mutter 母親

2．複母音（つづりと発音に注意）

▶004

ei [ai]	dein きみの	klein 小さい	arbeiten 働く
ie [iː]	tief 深い	Liebe 愛	Bier ビール
eu/äu [ɔʏ]	heute 今日	Leute 人々	Fräulein お嬢さん
au [aʊ]	Frau 婦人	kaufen 買う	Auto 自動車

3．子音と複子音

- アルファベートの読み方どおりに。

▶005

j [j]	Japan 日本	jung 若い	Juli 7月
v [f]	Vater 父親	Volk 民衆	Vogel 鳥
w [v]	wohnen 住む	Wien オーストリアの地名	Wein ワイン
z [ts]	Zeit 時間	Zimmer 部屋	tanzen 踊る

- 音節末で静音化するもの。

(音節末で) b [p]	Leib 体		Korb かご		abfahren 出発する
(音節末で) d [t]	Kind 子供		Land 国		Hand 手
(音節末で) g [k]	Tag 日		Hamburg ドイツの地名		Nürnberg ドイツの地名

- 2通りの発音があるもの。

(母音の前) s [z]	Sie あなたは		Salzburg オーストリアの地名		Sonntag 日曜日
(それ以外) s [s]	eins (数の)1		Dresden ドイツの地名		Volkswagen 会社名
(a/o/u/au の後) ch [x]	Bach 人名	Tochter 娘	Buch 本		Bauch お腹
(それ以外) ch [ç]	ich 私は		München ドイツの地名		Österreich オーストリア
	Zürich スイスの地名				

- その他の複子音

(音節末で)ig [ıç]	König 王様	fertig 用意のできた		zwanzig (数の)20
ck [k]	Sack 袋	Glück 幸運		Socke 靴下
chs/x [ks]	Sachsen ドイツの地名	Fuchs キツネ		Examen 試験
ss/ß [s] (前が短母音)	essen 食べる	Kassel ドイツの地名		
(それ以外)	Fuß 足	Preußen ドイツの地名		
sch [ʃ]	Schule 学校　Tisch テーブル	Schubert 人名		Schweiz スイス
(音節頭で) st [ʃt]	Stuttgart ドイツの地名	Straße 道路　Stern 星		Einstein 人名
(音節頭で) sp [ʃp]	Sport スポーツ	sprechen 話す		Spanien スペイン
tsch [tʃ]	Deutsch ドイツ語	tschüs バイバイ		Dolmetscher 通訳
r/l [r/l]	(舌先を前上歯の裏に)	lieben 愛する		
	(喉か舌を震わせて)	rot 赤		Rom ローマ
dt/th [t]	Stadt 町	Schmidt 人名		Thema テーマ
ds/ts/tz [ts]	abends 晩に	Potsdam ドイツの地名		Schatz 宝
qu [kv]	Quelle 泉	Quittung 領収書		Quadrat 正方形
pf [pf]	Kopf 頭	Apfel リンゴ		Pfalz ドイツの地名

外来語の注意点

- 元の発音が残る場合がある。Chef 上役　Klavier ピアノ　Orange オレンジ　Museum ミュージアム
- アクセントが後ろの方へ移動することが多い。

　　Familie 家族　　Student 大学生　　Universität 総合大学　　Lektion 課
- 元のつづりのこともある。Foto=Photo 写真

Lektion I

▶008

1．人称代名詞

	単数（ひとり、ひとつ）	複数（2人以上、2つ以上）
1人称（話者）	ich 私は	wir 私たちは
2人称（相手）	du (Sie) きみは（あなたは）	ihr (Sie) きみたちは（あなた方は）
3人称（それ以外）	er/sie/es 彼は／彼女は／それは	sie 彼らは／彼女たちは／それらは

・du/ihr と Sie/Sie の使い分けは心理的に近いかどうか。家族・友人などは du/ihr を使う。
・Sie/Sie は 3 人称複数の sie から生じたものなので、文法的にはいつも同じ扱いになる。

2．動詞の現在人称変化　（主語に合わせて動詞の語尾を変える）

		学ぶ lern-en	住んでいる wohn-en	*play*する spiel-en	働く arbeit-en	～という heiß-en	～である sein
ich	-e	lerne	wohne	spiele	arbeite	heiße	bin
du	-st	lernst	wohnst	spielst	arbeitest *	heißt *	bist
er/sie/es	-t	lernt	wohnt	spielt	arbeitet *	heißt	ist
wir	-en	lernen	wohnen	spielen	arbeiten	heißen	sind
ihr	-t	lernt	wohnt	spielt	arbeitet *	heißt	seid
sie (Sie)	-en	lernen	wohnen	spielen	arbeiten	heißen	sind

・動詞が変化する前の形を不定詞という。辞書には不定詞が載っている。
・不定詞の語尾は -en（まれに -n）で、その不定詞の語尾を取ったものを語幹という。
・語幹が -t/-d/gn などで終わるときは、語幹と語尾とのあいだに口調上の e を挟む。
・語幹が -s/-ss/-ß/-z/-tz などで終わるときは、-st の語尾の s を取る。

Ich wohne in Berlin.　　　私はベルリンに住んでいます。

Tim wohnt auch in Berlin.　ティムもベルリンに住んでいます。

Du arbeitest heute viel.　きみは今日たくさん働きます。

Ich bin sehr glücklich.　　ぼくはとても幸せなんです。

Du bist hier willkommen.　きみはここでは歓迎です。

3．基本的な語順 （定動詞第 2 位の原則）

Ich	spiele	heute	Tennis.	私は今日テニスをします。
Heute	spiele	ich	Tennis.	今日私はテニスをします。
Tennis	spiele	ich	heute.	テニスを私は今日します。

・まず言いたいことを言う。次に主語に対応した動詞（＝定動詞）を置く。

・und「そして」、aber「しかし」などは語順に関係なく先頭に置ける。

Käse esse ich gern. チーズを私は好んで食べます。

Und ich trinke Kaffee. そして私はコーヒーを飲みます。

Spielst du gern Tennis? テニスをするのは好きですか？

・決定疑問文では定動詞を先頭に出す。決定疑問文の答えは、ja「はい」か nein「いいえ」
である。

Wohnen Sie in Hamburg? あなたはハンブルクにお住まいですか？

Ja, ich wohne in Hamburg. はい、私はハンブルクに住んでいます。

Nein, ich wohne in Köln. いいえ、私はケルンに住んでいます。

| wo どこで | woher どこから | wohin どこへ | wann いつ |
| warum なぜ | wie どのように | was なにが・を | wer 誰が |

・疑問詞は先頭に置く。そのあとは決定疑問文の語順になる。

Wo wohnst du jetzt? きみはいまどこに住んでいますか？

In Zürich wohne ich jetzt. チューリヒに私はいま住んでいます。

- -

+αの知識

・ドイツ語には進行形がない。現在形に現在進行形的な意味が含まれる。

・現在継続中のことも現在完了形を使わずに現在形にする。

・また単純な未来のことも、未来を表す語句とともに、現在形で言うことができる。

Wir lernen morgen Deutsch. 私たちは明日ドイツ語を学びます。

9

Frankfurt am Main, Abfahrt　フランクフルト・アム・マイン、さあ出発

Yuki:　Guten Tag! Mein Name ist Yuki. Yuki Aoyama.

Sara:　Guten Tag, Yuki. Ich heiße Sara Wolf. Freut mich!

Yuki:　Wohin fahren wir heute?

Sara:　Wir fahren heute nach* Frankfurt am Main.

*nach「（地名）へ」

 あいさつ

Guten Morgen!　おはよう　　Guten Tag!　こんにちは　　Guten Abend!　こんばんは

Gute Nacht!　お休み　　Auf Wiedersehen!　さようなら　　Tschüs!　じゃあね

Danke! - Bitte!　ありがとう－どういたしまして　　Bitte! - Danke!　どうぞ－ありがとう

Grüß Gott!　（南ドイツ・オーストリアで）こんにちは

Freut mich!　初めまして／よろしく

Wie geht's?　元気？ - Danke, gut. Und dir/Ihnen?　元気です。きみ／あなたは？

練習問題 1　人称代名詞

（　）に人称代名詞を入れましょう。文頭の単語は大文字で始めます。

▶011

1. (　　　　　　　) lerne Deutsch.　　私はドイツ語を学んでいます。

2. (　　　　　　　) lernen Englisch.　私たちは英語を学んでいます。

3. (　　　　　　　) spielst Flöte.　　きみはフルートを吹きます。

4. (　　　　　　　) sind fleißig.　　あなた（方）は勤勉です。

5. (　　　　　　　) sind gesund.　　彼らは健康です。

練習問題 2　動詞の現在人称変化

与えられた動詞を使い、ドイツ語の文を完成させてください。

▶012

1. [trinken]　　Ich (　　　　　　　) gern Milch.　　私は牛乳を飲むのが好きです。

2. [kommen]　　Anna und Tim (　　　　　　　) zusammen.　アナとティムが一緒に来ます。

3. [sein]　　　Anna (　　　　　　) aus Österreich.　アナはオーストリア出身です。

4. [sein]　　　Wir (　　　　　　) sehr zufrieden.　私たちはとても満足してます。

5. [sein]　　　Ihr (　　　　　) müde.　　きみたちは疲れています。

6. [antworten]　Sie (　　　　　) sofort.　　彼女はすぐ答えます。

7. [tanzen]　　Du (　　　　　) Walzer.　　きみはワルツを踊ります。

練習問題 3　基本的な語順

Anna geht heute nach Deutschland.「アナは今日ドイツへ行く」を指示に従って書き換え

▶013

てみましょう。

1.（heute を先頭に）＿＿＿＿＿＿＿＿＿＿＿＿＿＿＿＿＿＿＿＿＿

2.（決定疑問文に）＿＿＿＿＿＿＿＿＿＿＿＿＿＿＿＿＿＿＿＿＿

3.（疑問詞 wohin を使って）＿＿＿＿＿＿＿＿＿＿＿＿＿＿＿＿＿

Lektion 2

1．名詞の性と格 （すべての名詞は 3 つあるグループのどれかに属する）

▶014

定冠詞 der が付く男性名詞	定冠詞 die が付く女性名詞	定冠詞 das が付く中性名詞
der Mann　男・夫	die Frau　女・妻	das Kind　子供
der Vater　父	die Mutter　母	das Mädchen　少女
der Tisch　机	die Tür　ドア	das Fenster　窓
der Baum　木	die Blume　花	das Haus　家

・自然の性に男女の対があれば文法の性もそれに従う。der Vater 父 － die Mutter 母
　der Mann 男の人・夫 － die Frau 女の人・妻。ただし das Mädchen 少女 のような例外もある。

2．名詞の格変化 （文中でのその名詞の役割が決まる）／定冠詞の格変化

1 格：Der Mann ist nett.　　　　　　　　その男性は優しい。
2 格：Der Wagen des Mann[e]s ist neu.　その男性の車は新しい。
3 格：Ich danke dem Mann.　　　　　　 私はその男性に感謝する。
4 格：Ich liebe den Mann.　　　　　　　私はその男性を愛している。

・名詞の性をおぼえるときに付けた定冠詞は 1 格で、文中では主語になる。訳は「〜は・が」。
・所有の意味で使うときは 2 格にする。2 格はうしろからかかる。「〜の」と訳す。
・動詞が間接目的語を取るときは 3 格にする。主な訳は「〜に」となる。
・他動詞（4 格を取る動詞のこと）の目的語になる。「〜を」と訳すのが普通。

	男性名詞 (m.)	女性名詞 (f.)	中性名詞 (n.)
1 格（〜は／が）	der Mann	die Frau	das Kind
2 格（〜の）	des Mann[e]s	der Frau	des Kind[e]s
3 格（〜に）	dem Mann	der Frau	dem Kind
4 格（〜を）	den Mann	die Frau	das Kind

・男・中性名詞の 2 格では名詞の後ろにも -s か -es の語尾がつく。
・男性名詞以外では 1 格と 4 格は同じ形になる。

Die Frau spielt gern Klavier.　　　　　その夫人はピアノを弾くのが好きです。
Das Buch ist sehr interessant.　　　　その本はとても興味深いです。
Die Tür des Hauses ist offen.　　　　 その家のドアは開いています。
Der Frau schenkt der Mann das Buch.　その婦人にその男がその本を贈ります。

12

3．不定冠詞の格変化　（定冠詞と違い3箇所で語尾を欠く）

	男性名詞 (m.)	女性名詞 (f.)	中性名詞 (n.)
1格（〜は / が）	ein ▲ Mann	eine Frau	ein ▲ Kind
2格（〜の）	eines Mann[e]s	einer Frau	eines Kind[e]s
3格（〜に）	einem Mann	einer Frau	einem Kind
4格（〜を）	einen Mann	eine Frau	ein ▲ Kind

・初めてその名詞を話題にするとき、または一つ・一人であることを示すときは不定冠詞を使う。
・男性1格と中性1・4格で語尾を欠く（▲）以外は、定冠詞の語尾と同じ。

Ich schenke einer Frau ein Buch.　　私は一人の（ある）婦人に一冊の（ある）本を贈ります。
Ein Haus steht dort einsam.　　一件の家（ある家）がそこにさみしく建っています。
Hierher kommt eine Katze.　　こっちへ一匹の（ある）ネコがやって来ます。
Das ist der Hund eines Mädchens.　　それは一人の（ある）少女の飼っているイヌです。

+αの知識

・男性・中性2格が -es か -s かは、ほとんどはどちらでもかまわない。
・ただし［ス］などの音で終わる場合（der Fluss「川」など）は des Flusses のように es にする。
・また語末の r や n などの前にアクセントのない e があれば（der Vater/der Wagen など）s だけにする。
　des Vaters / des Wagens
・辞書では性の表記の後ろを見る。-s（単数2格の語尾）/ Väter（第3課で習う複数形）

▶015

Frankfurt am Main, Goethe-Haus　フランクフルト・アム・マイン、文豪ゲーテの生家

Sara:　Heute besuchen wir ein Museum in Frankfurt am Main.

Yuki:　Was sehen wir denn da?

Sara:　Ein Haus. Das Geburtshaus eines Dichters.

Yuki:　Wie heißt der Dichter?

Sara:　Der Name ist etwas lang. Johann Wolfgang von Goethe.

Yuki:　Der Tisch ist sehr schön.

Sara:　Ja. Er ist etwas alt, aber sehr schön.

 家族

▶016

der Vater　父　　　　die Mutter　母　　　　das Kind　子
der Bruder　兄弟　　die Schwester　姉妹　　der Großvater　祖父
die Großmutter　祖母　der Enkel　（男の）孫　die Enkelin　（女の）孫
der Sohn　息子　　　die Tochter　娘　　　　der Onkel　おじ
die Tante　おば　　　der Hund　イヌ　　　　die Katze　ネコ

14

練習問題1　名詞の性

（　）に1格の定冠詞を入れてグループ分けをしてください。

m. は男性名詞、f. は女性名詞、n. は中性名詞。

（　　　　）Berg (m.)　山　　　（　　　　）Brot (n.)　パン　　　（　　　　）Uhr (f.)　時計

（　　　　）Nacht (f.)　夜　　　（　　　　）Zug (m.)　列車　　　（　　　　）Auto (n.)　自動車

（　　　　）Buch (n.)　本　　　（　　　　）Liebe (f.)　愛　　　（　　　　）Tag (m.)　日・昼

練習問題2　名詞の格変化（定冠詞とともに）

（　）に定冠詞を入れ、文意に沿ったドイツ語にしてみましょう。

▶017

1. Sie dankt (　　　　　) Frau.　　　　　彼女はその女性に感謝しています。

2. Ich danke (　　　　　) Bruder.　　　　私はその兄弟に感謝しています。

3. Ich sehe (　　　　　) Blume gern.　　　私はその花を見るのが好きです。

4. Ich kenne die Mutter (　　　　　) Mannes.　　私はその男のお母さんを知っています。

5. Wir essen (　　　　　) Brot.　　　　　私たちはそのパンを食べます。

練習問題3　名詞の格変化（不定冠詞とともに）

（　）に不定冠詞を入れ、文意に沿ったドイツ語にしてみましょう。

▶018

1. Ich habe (　　　　　) Bruder.　　　　私には男兄弟が一人います。

2. Ich kaufe (　　　　　) Auto.　　　　　私はある車を買います。

3. Wir danken (　　　　　) Mann.　　　　私たちはある男性に感謝しています。

4. Er trinkt (　　　　　) Kaffee.　　　　彼は一杯のコーヒーを飲みます。

5. Er trinkt (　　　　　) Milch.　　　　彼は一杯のミルクを飲みます。

15

Lektion 3

1. 不規則動詞の現在人称変化 （母音の変化に注意）

	haben 〜を持つ	werden 〜になる	wissen 知っている		fahren 型 （乗り物で）行く	sprechen 型 話す	sehen 型 見る
ich	habe	werde	weiß	ich	fahre	spreche	sehe
du	hast	wirst	weißt	du	fährst	sprichst	siehst
er/sie/es	hat	wird	weiß	er/sie/es	fährt	spricht	sieht
wir	haben	werden	wissen	wir	fahren	sprechen	sehen
ihr	habt	werdet	wisst	ihr	fahrt	sprecht	seht
sie(Sie)	haben	werden	wissen	sie(Sie)	fahren	sprechen	sehen

- du と er で a → ä になるのが fahren 型。
- du と er で e → i になるのが sprechen 型。不定詞の短母音の e は短母音の i となる。
- du と er で e → ie になるのが sehen 型。不定詞の長母音の e は長母音の ie となる。
- その他の不規則動詞は巻末の「不規則動詞変化表」を参照のこと。

Hast du jetzt Hunger?　　　　　　　きみはいまお腹が空いていますか？
Sie **wird** Lehrerin.　　　　　　　　彼女は教師になります。
Das **weiß** ich gut.　　　　　　　　それを私はよく分かっている。
Er **fährt** nach Dresden.　　　　　　彼はドレスデンへ行きます。
Er **spricht** sehr gut Deutsch.　　　彼はとても上手にドイツ語を話します。

2. 動詞の命令形 （相手に合わせて 3 つの形がある）

	komm-en 来て！	arbeit-en 働いて！	sprech-en 話して！	sein 〜であれ！
du に対して	Komm[e]!	Arbeite!	Sprich!	Sei!
ihr に対して	Kommt!	Arbeit[e]t!	Sprecht!	Seid!
Sie に対して	Kommen Sie!	Arbeiten Sie!	Sprechen Sie!	Seien Sie!

- du の人称変化語尾が -est になる動詞は口調上の e を残す。
- 強調の意味で doch, mal、丁寧さを出すために bitte などの副詞がよく使われる。

Peter, **lern[e]** mal Deutsch!　　　　　　　　　　ペーター、ドイツ語を勉強しなさい！
Peter und Anna, **lernt** doch fleißig Deutsch!　　ペーターとアナ、さあ熱心にドイツ語を学びなさい！
Lesen Sie bitte einmal das Buch!　　　　　　　この本をぜひ一度読んでください！

3．名詞の複数形（5 パターンある）

		ウムラウトが付く
1. 同形型	das Märchen → die Märchen	der Bruder → die Brüder
2. -e 型	der Tisch → die Tische	die Nacht → die Nächte
3. -er 型	das Kind → die Kinder	der Mann → die Männer
4. -[e]n 型	die Frau → die Frauen die Blume → die Blumen	
5. -s 型	das Auto → die Autos	

・-er 型はアクセントのある母音が a/o/u/au なら必ずウムラウトが付く。
・近現代の外来語の多くは -s 型になる。発音は常に「ス」。
・複数の 3 格では、-[e]n と -s 型以外、名詞の語尾に -n を加える。

Er liest die Märchen der Brüder Grimm.　彼はグリム兄弟のメルヘンを読んでいます。
Ich schreibe heute zwei Briefe.　私は今日 2 通の手紙を書きます。
Die Bücher sind sehr interesannt.　これらの本はとてもおもしろいです。
Ich liebe die Tanten.　私はそのおばさんたちを愛しています。
Die Lehrerin hat zwei Kameras.　あの先生はカメラを 2 台持っています。

+αの知識

・身分や職業を表す男性名詞に語尾 -in を付けると女性形になる語がある。この in が付いた女性名詞の複数形の語尾は、-en の前に n を付けた -nen。

die Studentin → die Studentinnen / die Japanerin → die Japanerinnen

・また古典語からの外来語は 5 つのパターンに当てはまらない複数形になることがある。

das Museum → die Museen / das Thema → die Themen 等

Speyer, der „Kaiserdom" シュパイアー、皇帝たちが眠る大聖堂

Sara: Die Säulen sind rot und weiß.

Yuki: Die Deckenbögen sind rund.

Sara: Ja. Der Stil ist romanisch.

Yuki: Sehr interessant.

Sara: Yuki, komm bitte hierher! Unten siehst du die Gräber der Kaiser.

Yuki: Die Treppe ist steil. Sei bitte vorsichtig!

0 null   1 eins   2 zwei   3 drei   4 vier   5 fünf   6 sechs   7 sieben   8 acht
9 neun   10 zehn   11 elf   12 zwölf   13 dreizehn   14 vierzehn   15 fünfzehn
16 sechzehn   17 siebzehn   18 achtzehn   19 neunzehn   20 zwanzig
21 einundzwanzig   22 zweiundzwanzig   30 dreißig   40 vierzig   50 fünfzig
60 sechzig   70 siebzig   80 achtzig   90 neunzig   100 (ein)hundert

18

練習問題1　不規則動詞

[　　]の動詞を主語の人称に合わせて変化させて（　　）に入れてみましょう。

▶022

1. [haben]　　Anna (　　　　　　) eine Schwester.　　アナには姉妹がひとりいます。

2. [haben]　　Ich (　　　　　　) heute Kopfschmerzen.　　私は今日は頭痛がします。

3. [werden]　Du (　　　　　　) leicht wütend.　　きみはすぐ怒るね。

4. [wissen]　Er (　　　　　　) die Wahrheit.　　彼は真実を知っています。

5. [schlafen]　Hans (　　　　　　) immer lang.　　ハンスはいつも長寝をする。

6. [essen]　　(　　　　　　) du gern Kuchen?　　きみはケーキを好んで食べますか？

7. [lesen]　　Er (　　　　　　) morgens drei Zeitungen.　　彼は朝3紙の新聞を読みます。

練習問題2　命令形

[　　]の動詞を相手に合わせた命令形にして（　　）に入れてみましょう。

▶023

1. [helfen]　　(　　　　　　) mir bitte!　　私を助けて！［du に対して］

2. [arbeiten]　(　　　　　　) doch fleißig!　　ちゃんと働きなさい！［ihr に対して］

3. [kommen]　(　　　　　) (　　　　　) morgen!　　明日来てください！［Sie に対して］

4. [sein]　　(　　　　　　) bitte ruhig!　　静かにして！［du に対して］

練習問題3　名詞の複数形

以下の名詞をパターンに従って複数形にしましょう。

1. 同形型　　der Wagen　車　　→＿＿＿＿＿　　der Garten　庭　　→＿＿＿＿＿

2. -e 型　　der Tag　日／昼　→＿＿＿＿＿　　die Nacht　夜　　→＿＿＿＿＿

3. -er 型　　das Bild　絵／写真　→＿＿＿＿＿　　das Land　国　　→＿＿＿＿＿

4. -[e]n 型　die Klasse　クラス　→＿＿＿＿＿　　die Bahn　電車　→＿＿＿＿＿

5. -s 型　　das Kino　映画館　→＿＿＿＿＿　　das Radio　ラジオ　→＿＿＿＿＿

19

Lektion 4

1．定冠詞類（dies-er 型の変化は、定冠詞とほぼ同じです）

dies-er この　**jed-er** 各々の（単数名詞と）　**welch-er....?** どの？　**jen-er** あの
all-er すべての（複数名詞と）　**solch-er** そのような　**manch-er** かなりの　　等

	男性 (m.)	女性 (f.)	中性 (n.)	複数 (pl.)
1格（〜は / が）	dieser Tag	diese Nacht	dieses Jahr*	diese Leute
2格（〜の）	dieses Tag[e]s	dieser Nacht	dieses Jahr[e]s	dieser Leute
3格（〜に）	diesem Tag	dieser Nacht	diesem Jahr	diesen Leuten
4格（〜を）	diesen Tag	diese Nacht	dieses Jahr*	diese Leute

＊定冠詞の das（中性 1/4 格）のところは、as → es になっている。

Dieser Tisch ist schön.　　　このテーブルは美しい。
Alle Vögel sind schon da.　　鳥たちはみなもうやって来た。（唱歌の歌詞）
Welches Auto fährt schnell?　どの車が速く走るのですか？

2．不定冠詞類（mein 型の変化は、3 箇所で語尾を欠く）

・不定冠詞と同じ語尾変化をするものを不定詞類（mein 型冠詞）という。
・複数では定冠詞類と同じ語尾が付く。

所有冠詞：**mein** 私の　**dein** きみの　**unser** 私たちの　**euer** きみたちの
　　　　　sein 彼の / それの　**ihr** 彼女の / 彼らの、彼女たちの、それらの　**Ihr** あなた［方］の

否定冠詞：**kein**

	男性 (m.)	女性 (f.)	中性 (n.)	複数 (pl.)
1格（〜は / が）	mein▲ Mann	meine Mutter	mein▲ Kind	meine Kinder
2格（〜の）	meines Mann[e]s	meiner Mutter	meines Kind[e]s	meiner Kinder
3格（〜に）	meinem Mann	meiner Mutter	meinem Kind	meinen Kindern
4格（〜を）	meinen Mann	meine Mutter	mein▲ Kind	meine Kinder

Mein Vater ist 50 Jahre alt.　　　　　　　私の父は 50 歳です。
Wie alt ist **Ihre Mutter**?　　　　　　　　　あなたの母上はおいくつですか？
Unsere Studenten lernen fleißig Deutsch.　私たちの学生は熱心にドイツ語を学びます。

3．否定文の作り方（否定詞 nicht は単独で使う）

・動詞を否定するときは、否定詞 nicht を文末に置く。（全文否定）
・特定の語句を否定するときは、その否定する語句の直前に nicht を置く。（部分否定）
・不定冠詞の付く名詞や無冠詞の名詞を否定するときは、否定冠詞 kein を使う。
・不定冠詞以外の冠詞が付いているときに、否定冠詞を重ねて使うことはできない。

Essen Sie Käse? - Nein, ich esse Käse nicht.	チーズを食べますか？　いいえ、私はチーズを食べません。
Ich esse nicht Käse, sondern Joghurt.	私はチーズではなく、ヨーグルトを食べます。
Ich esse nicht gern Käse.	私はチーズが好きではありません。（gern を否定）
Ich habe keinen Computer.	私はコンピュータを持っていません。
Ich kenne das Kind nicht.	私はその子を知らない。

+αの知識

・「きみは行かないよね」のように相手から否定的なことを質問されたり、言われたりしたときの返しの答えに doch があります。

Gehen Sie nicht?　行かないのですか？　　**Doch, ich gehe.**　いいえ、行きます。
　　　　　　　　　　　　　　　　　　　　　　Nein, ich gehe nicht.　はい、行きません。

　日本語だと相手の言ってることに対して「いいえ（そうではなくて）」「はい（仰るとおりに）」と続けるのですが、ドイツ語ではまず自分のこととして考えて、肯定的に相手に返すなら doch を、やはり否定的になるのなら nein を使います。

Rothenburg ob der Tauber ローテンブルク、城壁に囲まれた町

▶025

Yuki:　Alle Häuser in Rothenburg sind wunderschön.

Sara:　Siehst du die Stadtmauern? Sie sind immer noch hier.

Yuki:　Wie alt ist diese Stadt?

Sara:　Ungefähr 850 Jahre alt.

Yuki:　Jedes Haus ist interessant. Aber dieses Haus ist wirklich ungewöhnlich.

Sara:　Das finde ich auch, Yuki.

語彙を増やそう　自己紹介のための語彙

▶026

(専攻名) Jura 法学　　Betriebswirtschaftslehre(BWL) 経営学　　Informatik 情報学
Wirtschaftswissenschaften 経済学　　Medizin 医学　　Pharmazie 薬学
Biologie 生物学　　Naturwissenschaften 自然科学　　Ingenieurswissenschaften 工学
Architektur 建築学　　Linguistik 言語学　　Soziologie 社会学
Psychologie 心理学　　Musik 音楽
(spielen) Tischtennis 卓球　　Fußball サッカー　　Baseball 野球　　Basketball バスケット
Klavier ピアノ　　Gitarre ギター　　Computerspiele コンピュータゲーム　　Karten カード
(hören) Rockmusik ロック　　Popmusik ポップス　　klassische Musik クラシック音楽
(単独で) tanzen 踊る　　schwimmen 泳ぐ　　singen 歌う　　wandern ハイキングをする
(副詞的4格で) jeden Morgen 毎朝　　jeden Tag 毎日　　diese Woche 今週

練習問題1 定冠詞類 ━━━━━━━━━━━━━━━━━━━━

（　　）に定冠詞類を入れて、文意に沿ったドイツ語にしてみましょう。

▶027

1. (　　　　　　) Berg (m.) heißt Zugspitze.　この山はツークシュピッツェと言います。

2. (　　　　　　) Nacht tanzen wir.　毎夜私たちはダンスをします。

3. (　　　　　　) Buch empfehlen Sie?　どの本がお薦めですか？

4. (　　　　　　) Kind arbeitet fleißig.　どの子も一生懸命働いています。

5. (　　　　　　) Kinder arbeiten fleißig.　子供たちはみんな一生懸命働いています。

練習問題2 不定冠詞類 ━━━━━━━━━━━━━━━━━━━━

（　　）に所有冠詞（不定冠詞類）を入れて、文意に沿ったドイツ語にしてみましょう。

▶028

1. Wie heißt (　　　　　) Mutter?　きみのお母さんの名前はなんていうの？

2. (　　　　　) Sohn ist 20 Jahre alt.　私の息子は 20 歳です。

3. (　　　　　) Tochter liebt Katzen.　私たちの娘はネコが大好きです。

4. Da kommt (　　　　　) Mann.　あなたの旦那さんが来ましたよ。

5. Sie liebt (　　　　　) Vater.　彼女は彼女の父を愛しています。

練習問題3 否定文の作り方 ━━━━━━━━━━━━━━━━━━━━

下線部を否定するドイツ語を作ってみましょう。

▶029

1. Sie fährt heute <u>nach Bonn</u>.　彼女は今日ボンへ行きます。→ ボンへは行きません。

→ _____

2. Sie fährt <u>heute</u> nach Bonn.　彼女は今日ボンへ行きます。→ 今日は行きません。

→ _____

3. Ich habe eine <u>Videokamera</u>.　私はビデオカメラを持っています。→ 持っていません。

→ _____

4. Sie hat heute <u>Hunger</u>(m.).　彼女は今日はお腹が空いています。→ 空いていません。

→ _____

Lektion 5

▶030

1．人称代名詞の格変化（冠詞と違って単独で変化させて使う）

1格（～は/が）	ich	du	wir	ihr	er	sie	es	sie (Sie)
3格（～に）	mir	dir	uns	euch	ihm	ihr	ihm	ihnen (Ihnen)
4格（～を）	mich	dich	uns	euch	ihn	sie	es	sie (Sie)

・3人称単数の er は男性名詞を、sie は女性名詞を、es は中性名詞を指す。
・3人称複数の sie は複数名詞を指す。

Ich liebe dich. Liebst du mich auch?　きみを愛している。きみもぼくのこと愛していますか。
Sie hat einen Hund. Er ist sehr klug.　彼女はイヌを飼っている。その子はとてもかしこい。
Er hat zwei Katzen. Sie sind schön.　彼はネコを2匹飼っている。その子たちはきれいだ。

2．再帰代名詞の格変化（主語と同じ人・ものを指す代名詞）と再帰動詞

1格（～は/が）	ich	du	wir	ihr	er	sie	es	sie (Sie)
3格（～に）	mir	dir	uns	euch	sich	sich	sich	sich
4格（～を）	mich	dich	uns	euch	sich	sich	sich	sich

・ich/wir と du/ihr は人称代名詞の格変化と同じ。
・3人称と Sie ではすべて sich となる。辞書などで $sich^3$/$sich^4$ のように格を明示する。
・「～自身に・を」と訳すが、主語が複数のときは「互いに」となることもある（相互代名詞という）。

Ich kaufe mir einen Stuhl.　私はイスを（自分に）買う。[mir は再帰代名詞]
Er kauft mir einen Stuhl.　彼は私にイスを買ってくれる。[mir は人称代名詞]
Wir sehen uns morgen wieder.　私たちは明日また（互いに）会う。

・再帰代名詞と共に使う動詞を再帰動詞という。

Wir freuen uns.　私たちはうれしい。　　uns は再帰代名詞で freuen は再帰動詞。
Das freut uns.　それは私たちをよろこばす。　uns は人称代名詞。
　　　　　　　　　　　　　　　　　　　　　freuen は他動詞（4格の目的語を取る動詞）。

3．非人称の es（中性名詞を指す人称代名詞の es とは別のもの）

・特定のものを指さない es を非人称の es という。
・感覚、感情、心理などを表現するときは、文頭でなければ es は省略される。

Es ist heute schön. きょうは良い天気だ。
Es regnet heute und es schneit morgen. きょうは雨が降り、明日は雪が降る。
Wie spät ist es jetzt? 今何時ですか？
Jetzt ist es drei Uhr. 今3時です。
Es ist mir heiß.（= Mir ist heiß.） 私は暑いです。

・非人称の es を使った熟語表現がある。

Wie geht es Ihnen? - Danke, mir geht es gut. ご機嫌いかがですか？—ありがとう。私は元気です。
Gibt es irgendwo einen Supermarkt? どこかにスーパーマーケットはありますか？

geben は他動詞なので、意味上の主語が4格になる。

+αの知識

・再帰動詞には、次の課で学ぶ前置詞を伴って、熟語的に使われるものがたくさんある。

Ich freue mich auf die Sommerferien. 夏休みを楽しみにしています。
Wir freuen uns sehr über die Nachricht. そのニュースはとてもうれしい。

前置詞の違いで全体の意味も変わるので注意が必要です。

Aachen, die Stadt Karl des Großen　アーヘン、カール大帝の都

Sara:　Wir besuchen den Aachener Dom. Aber leider ist es heute bewölkt.

Yuki:　Es ist mir etwas kalt. Dort ist der Dom. Ist er alt?

Sara:　Ja, er ist sehr sehr alt.

Yuki:　Die Glasfenster sind wunderschön!

Sara:　Stimmt. Sie sind wirklich toll! Karls Sarg da glänzt.

Yuki:　Er ist golden. Das interessiert mich sehr.

語彙を増やそう　部屋にあるもの

der Tisch/e　机	der Stuhl/⸚e　イス	der Kuli/s　ボールペン
das Heft/e　ノート	das Lineal/e　定規	das Buch/⸚er　本
das Bücherregal/e　本棚	die Lampe/n　ランプ	das Fenster/-　窓
das Bett/en　ベッド	die Wand/⸚e　壁	die Tür/en　ドア
der Fußboden/⸚　床	der Vorhang/⸚e　カーテン	das Bild/er　絵・写真
das Poster/-　ポスター	die Klimaanlage/n　エアコン	der Fernseher/-　テレビ

練習問題1 人称代名詞の格変化

（　）に人称代名詞を入れて、文意に沿ったドイツ語にしてみましょう。

1. Ich danke (　　　　　) sehr.　　　　　　　　　私はきみにとても感謝しています。

2. Geben Sie (　　　　　) eine Idee?　　　　　　私にアイデアをいただけますか？

3. Ich schicke (　　　　　) eine E-Mail.　　　　私は彼女にEメールを送ります。

4. Der Kuli ist gut. Ich kaufe (　　　　　).　　このボールペンは良いです。私はそれを買います。

5. Sie verstehen (　　　　) sehr gut.　　　　　彼らは私たちのことをとてもよく理解しています。

練習問題2 再帰代名詞の格変化

（　）に再帰代名詞を入れて、文意に沿ったドイツ語にしてみましょう。

1. Mein Freund kauft (　　　　　) einen PC.　　私の友人は（自分用に）PCを手に入れます。

2. Freust du (　　　　)?　　　　　　　　　　　きみはうれしいですか？

3. Ja, ich freue (　　　　) sehr.　　　　　　　はい、私はとてもうれしいです。

4. Sie kennen (　　　　) gut.　　　　　　　　彼らは互いをよく知っています。

練習問題3 非人称の es

非人称の es を使って文章を完成させてみましょう。格変化の必要なものもあります。

1. 外では（draußen）激しく（heftig）雷鳴が轟いている（donnern）。

Es _____

2. 私にはちょっと（ein bisschen）暑い（heiß）です。

Es _____

3. ご家族の方々（Ihre Familie）はお元気ですか？

_____ es _____

4. むこうに（dort）飛行場（ein Flughafen, m）があります。

Es _____

27

Lektion 6

1．前置詞の格支配（後ろに来る名詞・代名詞の格を前置詞が決める）

主な3格支配の前置詞

mit ～と一緒に /(乗物) で　von ～の / から　zu ～へ　bei ～の所に / の際に
aus ～ (地名) から /(の中) から　nach ～ (地名) へ / のあと / によれば　seit ～以来　等々

Ich spiele mit meinem Bruder Tennis. 　私は私の兄弟とテニスをします。
Die Farbe von dem Auto ist schön. 　その車の色は美しいです。
Ich wohne bei meiner Tante. 　私はおばの所に住んでいます。
Nach dem Unterricht essen wir Eis. 　授業のあと私たちはアイスクリームを食べます。

主な4格支配の前置詞

für ～のために	durch ～を通って	um ～の周りに /(時刻) 時に
ohne ～なしに	gegen ～に（反）対し	等々

Das ist für dich, bitte! 　これをあなたに。
Wir gehen durch den Park. 　私たちは公園を抜けて行きます。

3・4格支配の前置詞（本来場所を表す前置詞で、この9個のみ）

an ～の所（接している）	in ～の中	auf ～の上（接している）
vor ～の前	hinter ～のうしろ	neben ～の横
über ～の上（離れている）	unter ～の下	zwischen ～のあいだ

・その場所にある、いるときは3格支配で、その様子は静止画的になる。

Die Lampe steht an dem Fenster. 　そのランプは窓の所に立ててあります。
In ihrer Tasche sind zwei Hefte. 　彼女のバッグには2冊のノートが入っています。

・その場所へ移動させるとき・移動するときは4格支配で、その様子は動画的になる。

Die Lampe stelle ich an das Fenster. 　そのランプを私は窓の所へ立てます。
In die Tasche packt sie zwei Hefte. 　バッグの中へ彼女は2冊のノートをしまいます。

２．定冠詞が融合している前置詞（最初からあるものしか使えない）

am (an dem)	ans (an das)	im (in dem)	ins (in das)
vom (von dem)	zum (zu dem)	zur (zu der)	beim (bei dem) 等々

・特に指示性がなければ、積極的に融合形を使う傾向がある。

・指示性が強ければ融合形は使わない。

・熟語的表現には融合形がよく使われる。

Sie geht auch am Samstag zur Schule. 　　彼女は土曜日も学校へ行きます。

In dem Supermarkt kaufe ich immer Milch. 　そのスーパーで私はいつもミルクを買います。

Ich gehe gern ins Kino. 　　　　　　私は好んで映画を見に行きます。

３．従属接続詞と副文（定動詞の位置が文末になる）

・副文は主文とのあいだをコンマで区切る。また副文中の定動詞は文末に来る。

dass 〜ということ	wenn 〜するとき /（もし）〜ならば	weil 〜なので
ob 〜かどうか	obwohl/obgleich 〜にもかかわらず	als 〜したとき 等々

Ich glaube, dass er heute mit ihr kommt. 　彼は今日彼女といっしょに来ると、私は思います。

Prima, wenn du für mich gehst! 　　　　きみが僕の代わりに行くなら素晴らしいです。

Er kommt nicht, weil er keine Zeit hat. 　　時間がないので、彼は来ません。

・副文が前にあれば、主文の定動詞は文頭に置く。

Weil er keine Zeit hat, kommt er nicht. 　　時間がないので、彼は来ません。

- -

+αの知識

・前置詞には名詞・代名詞の２格を支配するものもある。

Wegen des Regens hat der Zug Verspätung. 　雨のせいで列車は遅れています。

Heute komme ich statt meines Vaters. 　　今日は父の代わりに私が来ています。

Salzburg, eine schöne Stadt in Österreich ザルツブルク、オーストリアの美しい町

Sara: Heute machen wir mit dem Zug einen Tagesausflug nach Salzburg. Weißt du, dass es nicht in Deutschland, sondern in Österreich liegt?

Yuki: Ja, natürlich. Aber die Stadt ist sehr nah an Deutschland.

Sara: Wir gehen zuerst zum Geburtshaus von Mozart, weil wir beide seine Musik so sehr lieben.

Yuki: Im Garten sind Blumen, Bäume und Springbrunnen. Was ist das dort? Ich sehe da oben etwas wie ein Schloss.

Sara: Das ist die Festung Hohensalzburg, ein Symbol dieser Stadt.

語彙を増やそう 天気が良い日は外に出よう

der Himmel/- 空　　der Baum/¨e 木　　die Blume/n 花
die Straße/n 道　　das Auto/s 車　　das Fahrrad/¨er 自転車
der Bus/se バス　　die Haltestelle/n 停留所　　der Bahnhof/¨e 駅
die Straßenbahn/en 路面電車　　der Zug/¨e 列車　　die U-Bahn/en 地下鉄
die Bäckerei/en パン屋　　der Blumenladen/¨ 花屋　　der Supermarkt/¨e スーパーマーケット
die Stadt/¨e 町　　der Park/s 公園　　der Springbrunnen/- 噴水　　das Blumenbeet/e 花壇

練習問題 1　前置詞の格支配

前置詞を (für/durch/zu/unter) から選び、後ろの名詞・代名詞は格変化させてみましょう。

1. Der Bus fährt (　　　　　) dies＿＿＿ Stadt (f.).　　そのバスはこの町を通り抜けます。

2. Ich gehe heute (　　　　　) mein＿＿＿ Mutter.　　私は今日母のところへ行きます。

3. Wir machen es (　　　　　) ＿＿＿ .　　私たちはそれを彼のためにやっています。

4. Eine Katze schläft (　　　　　) d＿＿＿ Baum (m.).　　一匹のネコが木の下で眠っています。

5. Eine Katze kommt (　　　　　) d＿＿＿ Baum.　　一匹のネコが木の下にやって来ます。

練習問題 2　定冠詞が融合している前置詞

(　) に前置詞と定冠詞の融合形を入れてみましょう。

1. Wir gehen (　　　　　) Café (n.).　　私たちはカフェに行きます。

2. In Japan blühen (　　　　　) April Kirschbäume.　　日本では4月に桜の花が咲きます。

3. (　　　　　) Montag treffe ich Sie.　　月曜日にあなたにお会いします。

練習問題 3　従属接続詞と副文

(　) に従属接続詞を入れて、副文を完成させてみましょう。

1. Ich glaube, (　　　　　) ＿＿＿＿＿＿＿＿＿＿＿＿＿＿＿. [Er kommt heute nicht.]

　　彼は今日来ないと、私は思うよ。

2. Ich komme zu Ihnen, (　　　　　) ＿＿＿＿＿＿＿＿＿＿＿＿＿. [Sie ist krank.]

　　彼女が病気のときは私があなたのところへ行きます。

3. Wir nehmen ein Sonnenbad, (　　　　　) ＿＿＿＿＿＿＿. [Es ist heute schön.]

　　今日は天気が良いから、ぼくらは日光浴をします。

4. Wir wissen nicht, (　　　　　) ＿＿＿＿＿＿＿＿＿＿. [Er ist wirklich der Täter.]

　　彼がほんとうに犯人なのかどうかは、私たちは知らない。

Lektion 7

1．話法の助動詞の人称変化と意味 （動詞の変化とすこし異なる）

▶042

・動詞に様々なニュアンスを加えるのが話法の助動詞で、6つある。
・まず次の原意をおぼえる。意味を取るときは前後の文脈に注意すること。

können「可能(性)」　　**müssen**「当然・必然」　　**dürfen**「許可」
wollen「主語の意思」　**sollen**「主語以外の意思」　**mögen**「推量」

・möchte は mögen からできた語で話法の助動詞と同じように使う。「丁寧な願望」を表す。

		können	müssen	dürfen	wollen	sollen	mögen	möchte
ich	-	kann	muss	darf	will	soll	mag	möchte
du	-st	kannst	musst	darfst	willst	sollst	magst	möchtest
er/sie/es	-	kann	muss	darf	will	soll	mag	möchte
wir	-en/n	können	müssen	dürfen	wollen	sollen	mögen	möchten
ihr	-t	könnt	müsst	dürft	wollt	sollt	mögt	möchtet
sie/Sie	-en/n	können	müssen	dürfen	wollen	sollen	mögen	möchten

・sollen と möchte 以外、主語が単数の時、母音が変化する。
・ich と er/sie/es で語尾を付けない。wir と sie/Sie では möchte のときは語尾は -n になる。

2．話法の助動詞の使い方 （枠構文で使う）

（枠構文：話法の助動詞の人称変化形 + ･････････････････････････････ + 不定詞）

Wir	wollen	heute mit dem Shinkansen nach Yokohama	fahren.
私たちは	つもりです	今日　　新幹線で　　　　　　横浜へ	行く

Herr Müller **kann** gut Klavier **spielen**.　　　ミュラーさんは上手にピアノを弾くことができます。

Jan **muss** heute in Tokyo **sein**.　　　ヤンは今日東京にいるはずです（そう思うのが当然）。

Willst du alles allein **machen**?　　　きみはすべてひとりでやるつもりなの？

Du **sollst** alles allein **machen**.　　　きみひとりですべてやってもらおう（話者の意思）。

Darf man* hier **parken**?　　　ここに駐車できますか？（許された場所かどうか）

*man は不特定の人を指す代名詞。3人称単数で使う。

Was **möchten** Sie trinken?　　　何をお飲みになりますか？

3．分離動詞と非分離動詞（アクセントの位置で区別する）

（枠構文：動詞の人称変化形＋ ‥‥‥‥‥‥‥‥‥‥‥‥‥‥‥‥‥‥‥‥＋ 前綴り）

Wir	steigen	heute in Ueno in den Shinkansen	um.
私たちは		今日　　上野で　　新幹線へ	（um|steigen で）乗り換える

・前つづりを持つ動詞で、前つづりにアクセントがあるものを、分離動詞とよぶ。

・前つづりは主文では文末に置く（枠構文）。

・不定詞として使うときは分離しないで1語でつづる。

Er sieht fast jeden Tag 4 Stunden fern. (fern\|sehen)　　　彼はほぼ毎日4時間テレビを観ます。

Heute lade ich euch ein. (ein\|laden)　　　今日はぼくがきみたちを招待するよ。

Ich stehe morgens um 7 Uhr auf. (auf\|stehen)　　　私は毎朝7時に起きます。

Ich rufe dich später an. (an\|rufen)　　　あとできみに電話をするよ。

Können Sie das Fenster aufmachen? (auf\|machen)　　　窓を開けてもらえますか？

・前つづりを持つ動詞で、前つづりにアクセントがないものを、非分離動詞とよぶ。

・非分離動詞の前つづり（アクセントのない前つづり）は be- er- ge- ver- zer- emp- ent- 等。

In den Sommerferien erleben sie viel.　　　夏休みに彼らは多くのことを経験します。

Erzählen Sie mir die Geschichte!　　　その物語を私に語ってください！

Er besucht in Wien Schloss Schönbrunn.　　　彼はウィーンでシェーンブルン宮殿を訪れます。

Verstehst du mich?　　　ぼくの言っていることが理解できますか？

+αの知識

枠構文になる分離動詞ですが、副文では定動詞が文末に来るので、1語になります。

Ich stehe morgen früh auf.　　　私は明日早く起きます。

Ich gehe heute früh ins Bett, weil ich morgen früh aufstehe.

明日早く起きるので、きょうは早く寝ます。

33

Kölner Dom　ケルン、民族の記念碑、ケルン大聖堂

Sara:　Wir kommen am Kölner* Bahnhof an. Wir gehen jetzt zum Dom.

Yuki:　Da sieh, Sara! Durch die Glasfenster können wir den Dom sehen.

Sara:　Ja. Ganz riesig.

Yuki:　Warum sind die Decken so hoch?

Sara:　Das kann ich dir auch nicht sagen.

Yuki:　Man muss hier nach oben schauen. Dann sollen wir vielleicht an Gott im

　　　　Himmel denken.

* 地名+erで「〜の」

曜日・月名・季節

(am)　Montag　Dienstag　Mittwoch　Donnerstag　Freitag　Samstag　Sonntag
(im)　Januar　Februar　März　April　Mai　Juni
　　　　Juli　August　September　Oktober　November　Dezember
(im)　Frühling　Sommer　Herbst　Winter
das Neujahr 新年　die Regenzeit 梅雨　die Kindheit 幼／少年時代　die Jugend 青春時代

練習問題1 話法の助動詞の人称変化と意味 ─────────

（　）に質問で使われている助動詞と同じものを入れて対話を完成させてみましょう。

▶045

1. Können Sie heute kommen? - Ja, ich (　　　　　　　) heute kommen.
2. Müssen wir Hausarbeiten machen? - Ja, ihr (　　　　　) sie machen.
3. Darf ich hier rauchen? - Nein, Sie (　　　　　) hier nicht rauchen.
4. Was möchtest du essen? - Ich (　　　　　) Baumkuchen essen.

練習問題2 話法の助動詞の使い方 ─────────

助動詞を使って文のニュアンスを変えてみましょう。

▶046

1. Ich studiere in der Schweiz. (私はスイスの大学で勉強する→つもりだ [wollen])

───────────────────────────

2. Er denkt schlecht von dir. (彼はきみのことを悪く思っている→らしい [mögen])

───────────────────────────

3. Ich treffe Sie am Sonntag. (日曜日にあなたに会う→ことを望んでいる [möchte])

───────────────────────────

4. Schalte ich den Fernseher aus? (テレビの電源を切る→切ってあげようか [sollen])

───────────────────────────

5. Stelle ich eine Frage? (質問をする→してもよいですか [dürfen])

───────────────────────────

練習問題3 分離動詞と非分離動詞 ─────────

使われている分離動詞、または非分離動詞を不定詞にして抜き出したうえで、全文を日本語に訳してみましょう。

▶047

1. Das Geschäft macht heute um 17 Uhr zu. (　　　　　　　　　)

───────────────────────────

2. Herr Schmidt erlernt leicht Japanisch. (　　　　　　　　)

───────────────────────────

3. Wem gehört dieser Wagen? (　　　　　　　　)

───────────────────────────

4. Wir nehmen an der Party teil. (　　　　　　　　)

───────────────────────────

35

Lektion 8

1．動詞の過去基本形の作り方（規則動詞は -[e]te、不規則動詞は - ▲が原則）

規則動詞： spielen → spielte　　lernen → lernte　　sagen → sagte
　　　　　　regnen → regnete　　arbeiten → arbeitete ←口調上の e を入れる
不規則動詞： kommen → kam　　gehen → ging　　wissen → wusste
重要動詞： sein → war　　haben → hatte　　werden → wurde
話法の助動詞： können → konnte　　müssen → musste　　wollen → wollte

・母音変化がある不規則変化なのに、語尾が規則動詞と同じ -te になるものが少しある。
・話法の助動詞の過去形は、ウムラウトがあればそれを取って、語尾に -te を付ける。

2．過去形の使い方（過去人称変化は話法の助動詞の時と同じ）

	不定詞	spielen	arbeiten	kommen	sein	haben	werden
	過去基本形	spielte	arbeitete	kam	war	hatte	wurde
ich	-	spielte	arbeitete	kam	war	hatte	wurde
du	-st	spieltest	arbeitetest	kamst	warst	hattest	wurdest
er/sie/es	-	spielte	arbeitete	kam	war	hatte	wurde
wir	-[e]n	spielten	arbeiteten	kamen	waren	hatten	wurden
ihr	-t	spieltet	arbeitetet	kamt	wart	hattet	wurdet
sie/sie	-[e]n	spielten	arbeiteten	kamen	waren	hatten	wurden

・過去形は現在と繋がりがない過去を言うときに使う。報道・報告文、物語や小説、等々。
・ただし sein/haben/werden/ 話法の助動詞は日常会話でも過去形がよく使われる。

Der Zug kam mit Verspätung am Bahnhof an.　　列車は遅れて駅に着きました。

Wo warst du gestern?　　昨日はどこに行っていたの？

Hatten Sie damals Zeit?　　あなたは当時は暇だったのですか？

Ich war einmal in Liechtenstein.　　私は一度リヒテンシュタインに行ったことがあります。

3．形容詞・副詞の比較

原級 ---	比較級 ---er	最上級 ---st
schön	schöner	schönst
jung	jünger	jüngst
alt	älter	ältest
groß	größer	größt
hoch	höher	höchst
gut	besser	best
viel	mehr	meist

・一音節の a/o/u はほとんどが変音する。
・最上級では -t/-d などで終われば、口調上の e を挟む。

・つづりに少し不規則なものがある。

・つづりがまったく不規則なものがあり、よく使われる。

・比較の対象には als「～より」を使う。
・最上級を「～が一番…」で使うときには、am ---sten の表現を使うとよい。
・形容詞は意味が許せばそのままの形で副詞になる。 gut よい → よく・上手に
・副詞 gern は不規則に変化する。gern - lieber - am liebsten

Du bist jünger als ich. きみはぼくより若い。

Der Mann ist viel älter als mein Vater. その男は私の父よりずっと年上です。

Sport ist am besten für die Gesundheit. スポーツは健康のためには一番です。

Er spielt besser Tennis als ich. 彼は私よりテニスがうまい。

In unserer Klasse singt sie am schönsten. 私たちのクラスで彼女が一番きれいな声で歌います。

Ich trinke lieber Tee als Kaffee, aber eigentlich trinke ich am liebsten Milch.

私はコーヒーより紅茶を飲むのが好きだが、本当はミルクが一番好きです。

- -

+αの知識

原級を使って２つのものを比較することができる。

so 原級 wie ～　　～と同じくくらい

Ich bin so alt wie Sie. 私はあなたと同じくらいの歳です。

nicht so 原級 wie ～　　～ほど…ではない

Ich bin nicht so dick wie mein Vater. 私は父ほど太っていません。

37

Trier   トリーア、ドイツ最古の都市

▶049

Sara: Weißt du, welche Stadt in Deutschland am ältesten ist?

Yuki: Ich weiß es nicht genau, vielleicht Augsburg?

Sara: Es ist sehr alt, aber Trier ist noch ein bisschen älter als Augsburg.

Sara: Die Römer gründeten die Stadt vor mehr als 2000 Jahren.

Yuki: Und sie bauten in der Stadt Freilichttheater, Burgtore und Bäder, nicht?

Sara: Das ist richtig. Diese Bauwerke stehen heute auf der Liste des UNESCO-Weltkulturerbes.

 人名

▶050

伝統的な Vornamen 女子：Anna Charlotte Elisabeth Emma Ida Käthe Maria
伝統的な Vornamen 男子：Albert Franz Georg Gustav Johann Karl Paul Peter
最近多い名　女子：Mia Sofia Lina Lea Sara
最近多い名　男子：Noah Leon Finn David Felix
Familiennamen：Schmidt Müller Meyer Schulz Schneider Hoffmann Becker

練習問題1　過去形

与えられた動詞を過去形にして文を完成させてみましょう。

1. [sein]　　　　Ich [　　　　] zu der Zeit sehr einsam. 当時はとても孤独でした。
2. [sein]　　　　Wir [　　　　] nie im Ausland. ぼくたちは一度も外国に出たことがないんだ。
3. [haben]　　　Er [　　　　] gestern Kopfschmerzen. 彼は昨日頭が痛かった。
4. [haben]　　　[　　　　] du damals kein Geld? 当時はお金がなかったのですか？
5. [werden]　　Das Mädchen [　　　　] eine Prinzessin. その娘はお姫様になりました。
6. [ankommen] Der Zug [　　　　] um 7 im Bahnhof [　　]. 列車は7時に駅に着いた。
7. [können]　　[　　　　] ihr als Kind Seil springen? きみたちは子供の頃、縄跳びできた？

練習問題2　形容詞・副詞の比較

形容詞を比較級または最上級にして文を完成させてみましょう。（　）には適当な語句を入れてください。

1. [klein] Die Katze ist [　　　] (　　) unsere Katze. その猫はうちの猫より小さい。
2. [klug]　Peter ist noch [　　] (　　) ich. ペーターは私よりさらに賢いよ。
3. [groß]　Er ist hier (　　) [　　]. 彼はここで一番背が高いです。
4. [gut]　　Du spielst Klavier [　　] (　　) ich. きみはぼくよりピアノがうまい。
5. [viel]　 Er lacht jetzt [　　] (　　) früher. 彼は以前より笑うようになりました。
6. [gern]　Was isst du (　　) [　　]? 何を食べるのが一番好きですか？

練習問題3

動詞を過去形にして日記風に書き換えてみましょう。訳もつけてみましょう。

Es regnet heute. Ich fahre am Nachmittag mit dem Bus zur Uni. Dort treffe ich meine Freundin Yoko. Nach dem Unterricht trinken wir in einem Café Kaffee. Wir sprechen über unsere Zukunft.

_____

_____

_____

39

Lektion 9

1．過去分詞の作り方 （規則動詞は ge--[e]t、不規則は ge--en が原則）

▶054

規則動詞：　　spielen → gespielt　　　lernen → gelernt　　　sagen → gesagt
　　　　　　　regnen → geregnet　　　arbeiten → gearbeitet
不規則動詞：　kommen → gekommen　　fahren → gefahren　　wissen → gewusst
重要動詞：　　sein → gewesen　　　　haben → gehabt　　　　werden → geworden

・不規則動詞は母音変化がある場合とない場合がある。子音が変化することもある。
・母音変化はあるが、規則動詞と同じ ge---t になるものも少しある。
・分離動詞は前つづりを先頭に置く。 aufmachen → aufgemacht　abfahren → abgefahren
・非分離動詞では ge- を付けない。 besuchen → besucht　erfahren → erfahren
・外来語動詞の -ieren 型にも ge- を付けない。 studieren → studiert　reservieren → reserviert

2．現在完了形の作り方と使い方 （枠構文になる）

（枠構文： 完了の助動詞 haben の人称変化形 + ・・・・・・・・・・・・・・・ + 過去分詞）

Ich	habe	gestern mit ihr Tennis	gespielt.
私は		昨日　彼女と　テニスを	しました

・日常会話では過去のことを話すとき、通常現在完了形を使う。過去を表す副詞と一緒に使える。
・完了の助動詞はほとんどの場合 haben を使う。

Hast du gestern Deutsch gelernt?　　　　　　昨日ドイツ語を学びましたか？
Was hast du gesagt?　　　　　　　　　　　　いま何と言いましたか？
Ich habe nicht gewusst, dass er heute kommt.　彼が今日来ることを知りませんでした。
In München hat er Nymphenburg besucht.　　　ミュンヒエンで彼はニュンフェンブルクを訪れました。
Vor 10 Jahren habe ich in Deutschland studiert.　10年前私はドイツに留学していました。

（枠構文：完了の助動詞 sein の人称変化形 + ・・・・・・・・・・・・・・・ + 過去分詞）

Ich	bin	gestern mit ihm nach Hakone	gefahren.
私は		昨日　彼と　箱根に	行きました

・次のような動詞（自動詞の一部）は完了の助動詞として sein を使う。

・場所の移動を表す動詞 fahren/gehen/kommen 等。

・状態の変化を表す動詞 werden/aufstehen/einschlafen 等。

・その他、sein/bleiben 等

Er ist gestern ins Kino gegangen.　　　　　彼は昨日映画を観に行きました。

In dieser Woche bin ich immer früh aufgestanden.　　今週はずっと早起きをしていました。

Ich bin drei Wochen in diesem Dorf geblieben.　　私は3週間この村に滞在しました。

Ich bin gestern in der Stadt gewesen.　　　私は昨日その街にいました。

　　(= Ich war gestern in der Stadt.)

3．werden を助動詞で使う未来形（話法の助動詞を補う）

（枠構文：未来の助動詞 werden の人称変化形 + ・・・・・・・・・・・・・・・・・・ + 不定詞）

Er	wird	wohl jetzt in Berlin	sein.
彼は	だろう	おそらく今ごろはベルリンに	いる

・未来形は、推量（3人称で）、命令（2人称で）、意志（1人称や3人称で）のニュアンスを
　加える。

・時制的には未来でないこともある。

Ich werde diese Sache erledigen.　　　　　この件は私に任せてほしい。

Nächste Woche wird er seine Hausaufgaben machen.　　来週は彼は宿題をやるだろう。

・単純な未来は、現在形＋未来を表す語句で表現する。

Hausaufgaben mache ich morgen.　　　　　宿題は明日します。

- -

+αの知識

・現在完了形の助動詞 haben/sein を過去形 hatte/war にすると、過去完了形となる。その時
　点ですでに過去となっていることがらを表すことができる。

Als ich gestern nach Hause kam, war meine Frau schon irgendwohin gegangen.

　　　　　　　　　　　　　　　　昨日家に帰ると、妻はすでにどこかに出かけていました。

Ich war zehn Jahre alt. Im Jahr zuvor hatte ich meine Mutter verloren.

　　　　　　　　　　　　　私は10歳だった。私はその前の年に母を失っていた。

Calw, Geburtsstadt von Hesse   カルフ、ヘルマン・ヘッセが生まれた町

Sara: Hast du einmal Hermann Hesses „Unterm* Rad" gelesen?

Yuki: Ja. Hesse ist auch in Japan sehr bekannt, weißt du?

Sara: Wirklich? Das habe ich nicht gewusst.

Yuki: Der Fluss Nagold fließt mitten durch Hesses Heimatstadt Calw.

Sara: Hans, die Hauptfigur des Romans hat hier sehr oft geangelt.

Yuki: Hesse selbst hat als Kind in diesem Fluss gespielt.

*unterm (unter dem)

語彙を増やそう 日本語になったドイツ語

die Arbeit/en 元は労働　　das Märchen/-　　　　　der Baumkuchen/-
der/das Gummi/(s) 菓子のグミ。元はゴム　　　　　die Hütte/n 元は小屋
die Jacke/n 元は上着　　das Gelände/- 元は地面　die Karte/n 元はカード
die Gaze/n　　　　　　die Allergie/n　　　　　die Neurose/n
die Kapsel/n　　　　　die Schale/n　　　　　　der Messzylinder/-
die Ideologie/n　　　　der Sprechchor シュプレヒコール

42

練習問題 1 現在完了形（haben が完了の助動詞）

文末に過去分詞を入れて現在完了形を完成させてみましょう。

1. Haben Sie einmal Goethe _____?　一度ゲーテを読んだことがありますか？
2. Der Mann hat seine Frau _____.　男は彼の妻を愛した。
3. Frau Bauer hat Italienisch _____.　バウアーさんはイタリア語を話した。
4. Hast du alles _____?　すべて理解しましたか？

練習問題 2 現在完了形（sein が完了の助動詞）

文末に過去分詞を入れて現在完了形を完成させてみましょう。

1. Ich bin mit dem Auto nach Kyoto _____.　車で京都へ行きました。
2. Seid ihr aus Japan _____?　きみたちは日本から来たのですか？
3. Sind Sie gestern ins Kino _____?　あなたは昨日映画を観に行きましたか？
4. Sie ist heute um 5 Uhr _____.　彼女は今日は5時に起きました。

練習問題 3 werden を助動詞で使う未来形

[　] に werden の変化形を入れましょう。

1. Du [　　　] bis morgen das Hotel reservieren.

明日までにあのホテルを予約しておいてくれ。

2. Er [　　　] heute endlich mit seiner Freundin sprechen.

彼は今日ついにガールフレンドと話をするらしい。

3. Ich [　　　] morgen ausgehen.

明日には外出するつもりだ。

Lektion 10

名詞の前に形容詞を置くと形容詞も格変化をする。冠詞のあるなしによってパターンが異なる。

▶060

1．形容詞の格変化１ （前に冠詞がないとき：強変化）

	男性 (m.)	女性 (f.)	中性 (n.)	複数 (pl.)
1格	guter Wein	frische Milch	kaltes Bier	kleine Kinder
2格	guten Wein[e]s	frischer Milch	kalten Bier[e]s	kleiner Kinder
3格	gutem Wein	frischer Milch	kaltem Bier	kleinen Kindern
4格	guten Wein	frische Milch	kaltes Bier	kleine Kinder

・形容詞が格変化の主体になるので強い変化になる。定冠詞類 (dies-er 型) の格変化語尾が付く。
・男性2格と中性2格は名詞の語尾で格が判るので、弱変化の -en になる。

Er trinkt warme Milch und isst frischen Käse.　彼は温かいミルクを飲み、新鮮なチーズを食べる。
Wir gehen zum „Abend deutschen Weins".　私たちは「ドイツワインの夕べ」へ行きます。
Ich sehe eine Frau mit kleinen Kindern.　私は小さな子供たちを連れた婦人を見ます。

2．形容詞の格変化２ （前に定冠詞［類］があるとき：弱変化）

	男性 (m.)	女性 (f.)	中性 (n.)	複数 (pl.)
1格	der alte Mann	die junge Frau	das kluge Kind	die kleinen Kinder
2格	des alten Mann[e]s	der jungen Frau	des klugen Kind[e]s	der kleinen Kinder
3格	dem alten Mann	der jungen Frau	dem klugen Kind	den kleinen Kindern
4格	den alten Mann	die junge Frau	das kluge Kind	die kleinen Kinder

・名詞の格はすでにある冠詞 [類] で示されているので、形容詞は弱い変化（ -en/-e の２つだけ）になる。
・弱変化語尾は -en が中心で網掛けの部分はすべてそうである。残りは -e とおぼえる。

Der nette Mann hilft den armen Leuten.　その優しい男はその貧しい人々を助けます。
Das sind die Fotos der jungen Frau.　これらはその若い女性の写真です。
Ich fahre mit dem schnellen Auto.　私はその速い車で行きます。
Ich kenne die süßen kleinen Kinder.　私はその可愛い小さな子供たちを知っています。

3. 形容詞の格変化 3 （前に不定冠詞 ［類］ があるとき：混合変化）

	男性 (m.)	女性 (f.)	中性 (n.)	複数 (pl.)
1格	ein ▲ alter Mann	eine junge Frau	ein ▲ altes Buch	meine kleinen Kinder
2格	eines alten Mann[e]s	einer jungen Frau	eines klugen Kind[e]s	meiner kleinen Kinder
3格	einem alten Mann	einer jungen Frau	einem klugen Kind	meinen kleinen Kindern
4格	einen alten Mann	eine junge Frau	ein ▲ altes Buch	meine kleinen Kinder

・前の不定冠詞 [類] に語尾が欠けていると、そのあとに来る形容詞は強変化になる。

Ich habe ein blaues Kleid gekauft. 　私は青いドレスを買いました。

In einer schönen Stadt wohnt mein alter Vater. 　ある美しい町に私の老父が住んでいます。

Meine lieben Kinder spielen jetzt im Sand. 　私の愛する子供たちはいま砂遊びをしています。

4. 序数 （名詞の付加語としてよく使われる）

・19 までは原則として基数に -t の語尾を、20 以降は基数に -st の語尾を付ける。

・1. erst 3. dritt 7. siebt (siebent も可) 8. acht は個別におぼえる。

・年号は 2 桁ずつ分けて読むが、間に hundert を入れる。2000 年以降は基数と同じになる。

Die erste Liebe bestimmte das Leben des Mannes. 初恋はその男の人生を決定した。

Ich bin zum zweiten Mal in der Schweiz. 　私はスイスは 2 度目です。

Sie feiern am 14.(vierzehnten) [Tag] Juli ihren 30.(dreißigsten) Hochzeitstag.

彼らは 7 月 14 日に 30 回目の結婚記念日を祝います。

Ludwig II. (der Zweite) wurde 1864 (achtzehnhundertvierundsechzig) bayerischer König. 　ルートヴィヒ 2 世は 1864 年にバイエルン王になりました。

- -

+αの知識

・人の容姿・性質、もの・ことの属性を表す形容詞は独立してその意味の名詞になることがある。

・この形容詞の名詞化は省略された後ろの名詞に従って格変化語尾を持つ。

Ich kenne die Neuen. 　私はその新人たちを知っています。

45

Völklinger Hütte　フェルクリンゲン、世界遺産の製鉄所

Sara:　Interessierst du dich für die neuere deutsche Geschichte?

Yuki:　Ja, sehr.

Sara:　Dann fahren wir doch nach Völklingen zu der Hütte!

Yuki:　Zur Hütte? Wir wollen in die Berge?

Sara:　Nein. Hütte bedeutet ein Eisenwerk. Früher hat man Helme für den Ersten Weltkrieg hergestellt. Jetzt ist hier ein Freilichtmuseum. Wir können uns die ehemaligen riesigen Fabriken ansehen.

Yuki:　Wir müssen auch beim freien Rundgang Helme tragen. Sara, der gelbe Helm steht dir gut.

語彙を増やそう　色の名前

weiß 白い	schwarz 黒い	rot 赤い	blau 青い
grün 緑の	gelb 黄色の	violett 紫の	braun 茶色の
grau 灰色の	golden 金色の	silbern 銀色の	rosa ピンクの
bunt カラフルな	dunkel~ 暗い~色の	hell~ 明るい~色の	

練習問題1　形容詞の格変化：強変化

次の形容詞に格変化語尾を補いましょう。

1. Trinkst du zum Abendessen grün ____ Tee?　夕食に緑茶を飲みますか？

2. Weiß ____ Würste und kalt ____ Bier sind die bayerischen Lieblingsgerichte.
   白いソーセージと冷たいビールがバイエルン人のお気に入りです。

3. Nehmen Sie lecker ____ Brot mit dänisch ____ Käse und frisch ____ Gemüse!
   デンマークのチーズと新鮮野菜をはさんだおいしいパンをどうぞ！

4. Wir haben viel ____ schön ____ Ansichten gesehen.
   私たちはたくさんの素晴らしい景色を見ました。

練習問題2　形容詞の格変化：弱変化・混合変化

次の形容詞に格変化語尾を補ってみましょう。

1. In einem fern ____ Dorf lebte ein brav ____ Junge.
   ある遠い村に一人の勇敢な若者が暮らしていました。

2. Dort steht ein klein ____ Haus mit einem rot ____ Dach.
   あちらに赤い屋根の小さな家があります。

3. Das blau ____ Kleid passte der elegant ____ Dame.
   その青いドレスはそのエレガントな女性に似合っていた。

4. Die meist ____ Japaner sehen sich gern die schön ____ Kirschblüten an.
   たいていの日本人は美しい桜の花を見るのが好きです。

5. Dieses interessant ____ Buch ist nicht mehr erhältlich.
   この興味深い本はもう入手不可能です。

練習問題3　序数

序数の箇所を語尾に気をつけてドイツ語でつづってみましょう。

1. Heute haben wir den 23. (　　　　　　　　　) Juli.　今日は7月23日です。

2. Mein Geburtstag ist der 12. (　　　　　　　) April.　私の誕生日は4月12日です。

3. Wir feiern am 5. (　　　　　　　) Mai den Kindertag.　5月5日は子供の日です。

4. Karl V. (der　　　　　　　) bestieg den Thron.　カール5世が即位した。

Lektion 11

1. 受動文 （受動の助動詞を変えて2つの受動文を作る）

▶066

（枠構文： 受動の助動詞 werden の人称変化形 + ………… + 他動詞の過去分詞）

Das Fenster	wird	von der Frau	aufgemacht.
その窓は		その夫人によって	開けられる

- 「～によって」は von (3格支配) や durch (4格支配) などがよく使われる。省略されることも多い。
- 受動の助動詞 werden を過去形にすると、過去に起こった受動の表現になる。

Er wird von vielen Leuten geliebt.　　　彼はたくさんの人から愛されます。
Diese Fenster werden von dir geöffnet.　　それらの窓はきみによって開けられます。
Du wurdest von deiner Tante geliebt.　　きみはきみのおばさんから愛されました。
Die Stadt wurde durch Bombenangriffe zerstört.　　その町は爆撃で破壊された。

（枠構文： 受動の助動詞 sein の人称変化形 + ……… + 他動詞の過去分詞）

Das Fenster	ist	jetzt	aufgemacht.
その窓は		いま	開けられている

- その受動が起こったあとの現在の状態を表すことができる（状態受動文）。
- sein を過去形にすると、過去の時点での状態の表現になる。

Diese Fenster sind jetzt geöffnet.　　それらの窓はいま開いたままです。
Die Haustür war nicht verschlossen.　　玄関のドアには鍵がかかっていませんでした。

（枠構文： 受動の助動詞 werden の人称変化形 + ………… + 自動詞の過去分詞）

In dieser Diskothek	wird	bis spät in die Nacht	getanzt.
このディスコでは		深夜遅くまで	踊られる

- 自動詞も受動文を作ることができる。その際に主語に es を立てることもできる。

Es wird in diesem Club bis spät in den Morgen getrunken.
このクラブでは朝方まで飲んでいる人がいる。

48

２．zu 不定詞句の作り方（zu ～は最後に置く）

・主語に合わせて人称変化している定動詞を元の不定詞に戻し、それを最後に置き、その直前に目印の zu を付けたものを、zu 不定詞句（句は文の前段階）という。

Ich lerne/Du lernst fleißig Deutsch. → , fleißig Deutsch zu lernen.

（主語に合わせた定動詞のある文）　　　　　　　　　　　（zu 不定詞による句）

・分離動詞の zu 不定詞は zu を間に入れて一語でつづる。aufstehen → aufzustehen

３．zu 不定詞句の使い方（３つの用法がある）

■名詞的な使い方：「～すること（は・が・を）」と訳せる

Deutsch zu lernen[,] macht Spaß.　　ドイツ語を学ぶことは楽しいです。

Es ist nicht so leicht, jeden Tag fleißig Deutsch zu lernen.

日々コツコツとドイツ語を学ぶことは、そんなに簡単ではありません。

Ich wünsche, in Deutschland Deutsch zu lernen.

ドイツでドイツ語を学ぶことを、私は願っています。

■名詞などにかかる付加語的な使い方：「～する / ～という」と訳せる

Hast du Zeit, heute Abend Deutsch zu lernen?　　今晩ドイツ語を学ぶ時間がありますか？

Ich habe den Traum, irgendwann Schloss Neuschwanstein zu besuchen.

いつかノイシュヴァンシュタイン城を訪れるという夢を私は持っています。

■動詞にかかる副詞句的な使い方：３つの熟語的な表現

um ... zu ～「～するために」 ohne ... zu ～「～することなしに」 [an]statt ... zu ～「～する代わりに」

Er lernt jetzt Deutsch, um in Zukunft in Deutschland zu studieren.

将来ドイツの大学で学ぶために、彼は今ドイツ語を学んでいます。

[An]statt mich zu begrüßen, lächelte er.　　私にあいさつをする代わりに、彼は笑いました。

+αの知識

sein/haben と zu 不定詞で作る熟語がある。zu~ sein は「受動の可能・必然」を、zu~ haben は「当然」を表す。他にもあるが、これらの熟語的表現では普通コンマを必要としない。

Das ist nicht zu denken.　　　　　　それは考えられません。

Ich habe heute Deutsch zu lernen.　　私はきょうはドイツ語を勉強しないといけません。

Du brauchst nicht zu kommen.　　　来る必要はありません。

49

München, Bier, Wurst, Fest ミュンヒェン、バイエルンの都

Yuki: Hast du heute Abend Zeit, mit mir etwas zu essen? Ich möchte dich gern einladen, weil du in Deutschand sehr nett zu mir warst.

Sara: Ja, ich habe Zeit, danke! Wohin gehen wir? Hast du eine Reservierung?

Yuki: Nein, noch nicht. Aber ich glaube, in München wird überall gutes Bier getrunken.

Sara: Stimmt! Suchen wir uns einen freien Platz!

Yuki: Gehen wir vorher zum Marienplatz, um das Glockenspiel zu sehen?

Sara: Gute Idee!

語彙を増やそう 日本語由来のドイツ語

der Anime/(s) 日本のアニメ　　der/das Manga/(s) 今の日本で出版されたマンガ
das Emoji/s スマホなどで使う絵文字　　das Karaoke　das Origami/s
der Bonsai/s 盆栽　der Sake 日本酒のみの言い方　das Sushi/(s)　die Kaki 柿
der Kimono/s 和服　der Futon 布団　das Judo　das Karate　das Zen/(s) 禅

50

練習問題1　受動文 ────────────────────────────── ▶069

文意に沿った受動文を作ってみましょう。使う動詞の不定詞をあげておきます。

1. Ich [　　　　] (　　　　　　) der Lehrerin (　　　　　　).

私はその先生に質問される。[fragen]

2. In dieser Klasse [　　　　] nur Englisch (　　　　　　).

このクラスでは英語だけが話される。[sprechen]

3. (　　　　　) diesem Journalisten [　　　　] die Fakten (　　　　　　).

その記者によってにそれらの事実が公にされた。[veröffentlichen]

4. Wir [　　　　] vielmehr (　　　　　) unsere Umwelt (　　　　　　).

私たちはむしろ私たちの環境によって守られている。[schützen]

5. Die Gebäude [　　　　] damals noch (　　　　　　).

それらの建物は当時破壊されたままだった。[zerstören]

6. Es (　　　　　) in der Kirche mit schönen Melodien (　　　　　　).

その教会では美しいメロディーで歌う声がしている。[singen]

練習問題2　zu 不定詞句 ────────────────────────────── ▶070

zu 不定詞句の部分を取り出して、文を作ってみましょう。

　例：Es freut mich, Englisch zu lernen. → Ich lerne Englisch.

1. Ich wünsche, mit Ihnen zu sprechen. 　　→ Ich ＿＿＿＿＿＿＿＿＿＿＿＿

2. Er hat keine Zeit, Hausaufgaben zu machen. 　→ Er ＿＿＿＿＿＿＿＿＿＿＿＿

3. Sie lernt Deutsch, um in Wien zu studieren. 　→ Sie ＿＿＿＿＿＿＿＿＿＿＿＿

練習問題3　zu 不定詞句の使い方 ────────────────────────────── ▶071

与えられた語句（変化が必要なものがある）を使って、文章に沿ったドイツ語を作ってみましょう。

1. [zu/es （先頭で）/mich/freuen/,/./sehr/Sie/kennen|lernen （分離動詞）]

お目にかかれてとても嬉しいです。

→ ＿＿＿＿＿＿＿＿＿＿＿＿＿＿＿＿＿＿＿＿＿＿＿＿＿＿＿＿＿＿＿＿＿

2. [zu/Zeit/mit/,/?/haben/ mir/jetzt/sprechen/du]

いま話をする時間がある？

→ ＿＿＿＿＿＿＿＿＿＿＿＿＿＿＿＿＿＿＿＿＿＿＿＿＿＿＿＿＿＿＿＿＿

3. [zu/er/sagen/ohne （先頭で） /,/./ein Wort/hinaus|gehen （分離動詞、過去形で）]

ひと言も言わずに彼は出ていった。

→ ＿＿＿＿＿＿＿＿＿＿＿＿＿＿＿＿＿＿＿＿＿＿＿＿＿＿＿＿＿＿＿＿＿

51

Lektion 12

1. 定関係代名詞の格変化 （どちらも同じ変化）

▶072

	男性 (m.)	女性 (f.)	中性 (n.)	複数 (pl.)
1格	der	die	das	die
2格	dessen	deren	dessen	deren
3格	dem	der	dem	denen
4格	den	die	das	die

- 2格と複数3格以外は、定冠詞と同じ。
- 2格と複数3格は、nを付ける。
- 先行詞 (後ろから関係文で説明される名詞) の性・数に合わせて使う。
- 定関係代名詞は母音が心持ち強く長く読まれるが、sを重ねている前の母音は短くなる。
- 関係文は副文なので、必ずコンマで区切り、定動詞を副文末に置く。

2. 定関係代名詞の使い方 （関係文はすべて副文になる）

- 格を決めるのは、先行詞が副文の中でどういう役割をするか（主語なのか、所有の意味なのか、目的語なのか…）であって、先行詞の主文の中での格とは関係がない。

Ich kenne den Mann, der gestern mit dir zusammen war.

昨日きみと一緒にいた男を私は知っています。（先行詞は男性名詞で、副文中では「その男」は主語になっているので1格）

Er war der Dichter, den jeder zu der Zeit kannte.　彼は当時だれもが知る詩人でした。

（先行詞は男性名詞で、副文中では「その詩人」は他動詞 kennen の目的語＝4格）

Das ist das Auto, mit dem ich zur Uni fahre.　これが私が大学に乗っていく車です。

（先行詞は中性名詞で、副文中では「その車」は3格支配の前置詞 mit の目的語）

Kennst du die Frau, deren Mann sehr berühmt ist?　夫がとても有名なあの女性を知ってる？

（先行詞は女性名詞で、「あの女性」と男とに「〜の」の繋がりがある。2格は繋がる語の前に置かれる）

定関係代名詞とまったく同じ変化をしながら、副文をつくらずに、後続の文で使われる代名詞を指示代名詞という。指示代名詞は文頭で使われることが多い。

Ich kenne den Mann. Der war gestern mit dir zusammen.

その男知っているよ。彼、昨日きみと一緒にいたよね。

3. 接続法の作り方と使い方 （接続法は2つある）

動詞の形を変えるとある種のニュアンスを伝えることができる。この形を接続法という。不定詞から作る1式と、過去基本形が元になる2式があるが、これは元になる形の違いであって時制とは関係がない。

52

		(接続法1式)		(接続法2式)			
		sein	haben	werden (wurde)	sein (war)	haben (hatte)	können (konnte)
ich	-e	sei	habe	würde	wäre	hätte	könnte
du	-est	sei[e]st	habest	würdest	wär[e]st	hättest	könntest
er/sie/es	-e	sei	habe	würde	wäre	hätte	könnte
wir	-en	seien	haben	würden	wären	hätten	könnten
ihr	-et	seiet	habet	würdet	wär[e]t	hättet	könntet
sie	-en	seien	haben	würden	wären	hätten	könnten

・接続法の特徴は人称語尾の前が e になること。ただし sein は1式には e が付かない。

・1式では不定詞の語幹のあとに e 、さらに人称語尾を付けるが、ich/er では付けない。

・2式では e で終わっていない過去基本形なら新たに e を付ける。a/o/u はウムラウトさせる。

〈接続法2式の使い方〉

■非現実話法。現実はそうではないという思いも同時に伝わる。

Wenn ich ein Vogel wäre, würde ich sofort zu dir fliegen.

ぼくが鳥だったら、すぐにきみのところに飛んでいくのだけれども…。

Das könnte ich machen, wenn ich Zeit hätte.　　時間があればできるんだけどね。

Ach, wenn ich doch so viel Geld haben würde!　　ああ、ぼくにそれだけのお金があれば！

wenn は従属接続詞で「もし…ならば」。würde は不定詞を伴い非現実話法でよく使われる。

■丁寧話法。動詞の意味に丁寧・婉曲さが加わる。

Könnten Sie mir das Salz geben?　　お塩取っていただけますか？（können より丁寧に）

Ich hätte jetzt eine Frage.　　いま質問があるのですが。（habe より婉曲に）

Ich möchte --- ～したいです（「話法の助動詞」で既出。不定詞は mögen）

- -

+αの知識

接続法1式は要求話法や間接話法で使う。間接話法は2式にすることもある。またドイツ語には時制の一致はない。

Die Königin lebe lange!　　女王陛下ばんざい！（lebt ではない）

Man nehme die Mittel zweimal pro Tag!　　この薬は1日2回服用のこと！（nimmt ではない）

Der Mann sagte, er sei nicht der Täter.　　私は犯人ではありませんとその男は言った。（ist ではない）

53

Ein Schloss, das man im Traum gesehen hat　ノイシュヴァンシュタイン、夢に見た城

Sara: Morgen fliegst du zurück. Wie schön wäre es, wenn ich mit dir nach Japan fliegen könnte!

Yuki: Du kannst immer zu mir kommen. Träume werden doch eines Tages wahr, weißt du?

Sara: Wie dieses Schloss, das Ludwig II. von Bayern sich als Lebenstraum erfüllt hat.

Sara, an japanische Studenten:

Ich wünsche euch sehr, dass ihr eines Tages die Städte, Schlösser und Kulturstätten besucht, die ich und Yuki euch in diesen Texten vorgestellt haben. Also, auf Wiedersehen!

語彙を増やそう　英語由来のドイツ語

die/das E-Mail/s	der Server/-	die Cloud/s	die Software/s	die /Hardware/s
der Browser/-	das Handy/s	das Wi-Fi/s	der Workshop/s	das/der Blog/s
das Remake/s	der Trailer/(s)	das Fastfood/s	der Smoothie/s	die Fitness
das Marketing				

54

練習問題1　定関係代名詞の格変化

（　　　）に入れる定関係代名詞はすべて１格です。先行詞の性に合わせて選んでみましょう。

▶075

1. Er hat eine Schwester, (　　　　　　　) seit einem Jahr in Deutschland studiert.

彼には１年前からドイツに留学している姉妹がいます。

2. Das ist das Buch, (　　　　　　) nun in Deutschland am meisten gelesen wird.

それは現在ドイツで最も読まれている本です。

3. Ich spreche mit den Kindern, (　　　　　) gestern in der Stadt angekommen sind.

昨日この街にやってきた子供たちと私は話をします。

4. Ich habe einen PC gekauft, (　　　　　) im Internet sehr preiswert war.

私はインターネットでお買い得だったパソコンを買いました。

練習問題2　定関係代名詞の使い方

２つの文を定関係代名詞で繋いでみましょう。何格の定関係代名詞になるか注意。

▶076

1. Er hat einen Bruder.　Die Familie liebt den Bruder sehr.

彼には家族にとても愛されている弟がいる。

_____

2. Sie sind meine Freunde.　Ich spiele oft mit den Freunden Karten.

彼らは私がよく一緒にトランプをする友人たちだ。

_____

3. Heute kommt mein Onkel.　Der Wagen des Onkels ist ein Porsche.

愛車がポルシェの私の叔父が今日やって来る。

_____

練習問題3　接続法２式の作り方と使い方

動詞を接続法２式にして、文章に沿ったドイツ語を作ってみましょう。

▶077

1. [haben/gern/ich/./eine Milch]　ミルクを一杯いただきたいのですが。

→ _____

2. [können/werden/wenn（先頭に）/anklagen/sprechen/,/./dich/sie/diese Katze]

もしこの猫が口をきけたら、きみのことを非難するだろう。

→ _____

3. [es/sein/unsere Natur/geben/wenn（先頭に）/wilder/,/./viel/der Mond/werden/

nicht]　もし月がなかったら、私たちの自然はもっと荒々しいものになるだろう。

→ _____

ドイツ語で自己紹介

▶078

今まで習ったことを使って自己紹介をしてみましょう。まずユキさんがお手本を示してくれます。22ページの「語彙を増やそう」も参照してください。

Ich heiße Yuki, Yuki Aoyama. Ich komme aus Japan, aus Osaka. Ich wohne jetzt in Kyoto. Ich bin Studentin. Mein Hauptfach ist Jura. Dieses Jahr lerne ich Deutsch. Ich bin neunzehn Jahre alt. Ich habe einen Bruder. Sein Name ist Ken. Er ist einundzwanzig. Er ist auch Student. Ich habe keine Schwester. Ich spiele gern Tennis. Ich spiele jede Woche Tennis. Aber Ken spielt nicht gern Tennis. Ich höre gern klassische Musik. Ich singe auch gern.

ではあなた自身の紹介です。

_____

_____

_____

_____

_____

_____

_____

_____

_____

著者紹介
永井達夫（ながい たつお）
関西大学・龍谷大学非常勤講師

ランデスクンデ　初級ドイツ語クラス

2025 年 2 月 1 日　印刷
2025 年 2 月 10 日　発行

著　者 ©　永　井　達　夫
発行者　　岩　堀　雅　己
印刷所　　株式会社ルナテック

101-0052 東京都千代田区神田小川町 3 の 24
電話 03-3291-7811（営業部），7821（編集部）
発行所　　　　　　　　　　　　　　　株式会社　白水社
www.hakusuisha.co.jp
乱丁・落丁本は送料小社負担にてお取り替えいたします。

振替 00190-5-33228　　　　　　　　　株式会社ディスカバリー

ISBN 978-4-560-06444-3

Printed in Japan

▷本書のスキャン、デジタル化等の無断複製は著作権法上での例外を除き
禁じられています。本書を代行業者等の第三者に依頼してスキャンやデジ
タル化することはたとえ個人や家庭内での利用であっても著作権法上認め
られていません。

◆ 独和と和独が一冊になったハンディな辞典 ◆

パスポート独和・和独小辞典

諏訪 功 [編集代表] 太田達也／久保川尚子／境 一三／三ッ石祐子 [編集]

独和は見出し語数1万5千の現代仕様．新旧正書法対応で，発音はカタカナ表記．和独5千語は新語・関連語・用例も豊富．さらに図解ジャンル別語彙集も付く．学習や旅行に便利．（2色刷）B小型 557頁 定価3520円（本体3200円）

入門書・初級文法書

ドイツ語のしくみ 《新版》
清野智昭 著
B6変型 146頁 定価1430円（本体1300円）

言葉には「しくみ」があります．まず大切なのは全体を大づかみに理解すること．最後まで読み通すことができる画期的な入門書！

気軽にはじめる すてきなドイツ語
清水紀子 著 （2色刷）[増補新版]
四六判 136頁 定価（本体1900円＋税）

ドイツ語って，どの本も何だか難しそう……というあなたへ．必要なことだけをやさしくまとめたこの本で，気楽に始めてみませんか？ 音声無料ダウンロード．

解説がくわしいドイツ語入門
岡本順治 著 （2色刷）[音声DL版]
A5判 204頁 定価（本体2500円＋税）

初学者向けの懇切丁寧な文法解説，コラム，質問集などをもとに，ドイツ語の仕組みや表現を「理解・体感・習慣化する」ための入門書．

スタート！ ドイツ語A1
岡村りら／矢羽々崇／山本 淳／渡部重美／
アンゲリカ・ヴェルナー 著（2色刷）【CD付】
A5判 181頁 定価2420円（本体2200円）

買い物や仕事，身近なことについて，簡単な言葉でコミュニケーションすることができる．全世界共通の語学力評価基準にのっとったドイツ語入門書．全18ユニット．音声無料ダウンロード．

スタート！ ドイツ語A2
岡村りら／矢羽々崇／山本 淳／渡部重美／
アンゲリカ・ヴェルナー 著（2色刷）
A5判 190頁 定価2640円（本体2400円）

短い簡単な表現で身近なことを伝えられる．話す・書く・聞く・読む・文法の全技能鍛える，新たな言語学習のスタンダード（ヨーロッパ言語共通参照枠）準拠．音声無料ダウンロード．

必携ドイツ文法総まとめ (改訂版)
中島悠爾／平尾浩三／朝倉 巧 著（2色刷）
B6判 172頁 定価1760円（本体1600円）

初・中級を問わず座右の書！ 初学者の便を考え抜いた文法説明や変化表に加え，高度の文法知識を必要とする人の疑問にも即座に答えるハンドブック．

**1日15分で基礎から中級までわかる
みんなのドイツ語**
荻原耕平／畠山 寛 著（2色刷）
A5判 231頁 定価2420円（本体2200円）

大きな文字でドイツ語の仕組みを1から解説．豊富な例文と簡潔な表でポイントが一目でわかる．困ったときに頼りになる一冊．

問題集

書き込み式 ドイツ語動詞活用ドリル
櫻井麻美 著
A5判 175頁 定価1320円（本体1200円）

動詞のカタチを覚えることがドイツ語学習の基本．この本はよく使う基本動詞，話法の助動詞のすべての活用を網羅した初めての1冊．

ドイツ語練習問題3000題 (改訂新版)
尾崎盛景／稲田 拓 著
A5判 194頁 定価1980円（本体1800円）

ドイツ語の基本文法，作文，訳読をマスターするための問題集．各課とも基礎問題，発展問題，応用問題の3段階式で，学習者の進度に合わせて利用可能．

単語集

ドイツ語A1/A2 単語集
三ッ木道夫／中野英莉子 著
A5判 218頁 定価2640円（本体2400円）

全見出し語に例文付き．略語，家族などの必須実用語彙とABC順の実践単語をもとに，日常生活に必要な基本語彙が効率的に身につく．

例文活用 ドイツ重要単語4000
（改訂新版）羽鳥重雄／平塚久裕 編（2色刷）
B小型 206頁 定価2200円（本体2000円）

abc順配列の第一部では使用頻度の高い簡明な例文を付し，第二部では基本語・関連語を45場面ごとにまとめて掲げました．初級者必携．

検定対策

独検対策 4級・3級問題集 (五訂版)
恒吉良隆 編著
A5判 200頁 定価2530円（本体2300円）

実際の過去問を通して出題傾向を掴み，ドイツ語力を総合的に高める一冊．聞き取り対策も音声無料ダウンロードで万全．

新 独検対策4級・3級必須単語集
森 泉／クナウプ ハンス・J 著【CD2枚付】
四六判 223頁 定価2530円（本体2300円）

独検4級・3級に必要な基本単語が300の例文で確認できます．付属CDには各例文のドイツ語と日本語を収録．聞き取り練習も用意．

重版にあたり，価格が変更になることがありますので，ご了承ください．

不規則変化動詞

不 定 詞	過去基本形	過 去 分 詞	直説法現在	接 続 法 II
befehlen 命じる	**befahl**	**befohlen**	ich befehle du befiehlst er befiehlt	beföhle/ befähle
beginnen 始める, 始まる	**begann**	**begonnen**		begänne/ 稀 begönne
beißen 嚙む	**biss** du bissest	**gebissen**		bisse
biegen 曲がる(s); 曲げる(h)	**bog**	**gebogen**		böge
bieten 提供する	**bot**	**geboten**		böte
binden 結ぶ	**band**	**gebunden**		bände
bitten 頼む	**bat**	**gebeten**		bäte
blasen 吹く	**blies**	**geblasen**	ich blase du bläst er bläst	bliese
bleiben とどまる(s)	**blieb**	**geblieben**		bliebe
braten (肉を)焼く	**briet**	**gebraten**	ich brate du brätst er brät	briete
brechen 破れる(s); 破る(h)	**brach**	**gebrochen**	ich breche du brichst er bricht	bräche
brennen 燃える, 燃やす	**brannte**	**gebrannt**		brennte
bringen もたらす	**brachte**	**gebracht**		brächte
denken 考える	**dachte**	**gedacht**		dächte
dringen 突き進む(s)	**drang**	**gedrungen**		dränge

不 定 詞	過去基本形	過 去 分 詞	直説法現在	接 続 法 II
dürfen …してもよい	**durfte**	**gedurft**/ **dürfen**	ich darf du darfst er darf	dürfte
empfehlen 勧める	**empfahl**	**empfohlen**	ich empfehle du empfiehlst er empfiehlt	empföhle/ empfähle
essen 食べる	**aß**	**gegessen**	ich esse du isst er isst	äße
fahren (乗物で)行く (s, h)	**fuhr**	**gefahren**	ich fahre du fährst er fährt	führe
fallen 落ちる(s)	**fiel**	**gefallen**	ich falle du fällst er fällt	fiele
fangen 捕える	**fing**	**gefangen**	ich fange du fängst er fängt	finge
finden 見つける	**fand**	**gefunden**		fände
fliegen 飛ぶ(s, h)	**flog**	**geflogen**		flöge
fliehen 逃げる(s)	**floh**	**geflohen**		flöhe
fließen 流れる(s)	**floss**	**geflossen**		flösse
fressen (動物が)食う	**fraß**	**gefressen**	ich fresse du frisst er frisst	fräße
frieren 寒い, 凍る (h, s)	**fror**	**gefroren**		fröre
geben 与える	**gab**	**gegeben**	ich gebe du gibst er gibt	gäbe
gehen 行く(s)	**ging**	**gegangen**		ginge
gelingen 成功する(s)	**gelang**	**gelungen**	es gelingt	gelänge
gelten 通用する	**galt**	**gegolten**	ich gelte du giltst er gilt	gälte/ gölte

不 定 詞	過去基本形	過 去 分 詞	直説法現在	接 続 法 II
genießen 楽しむ	**genoss** du genossest	**genossen**		genösse
geschehen 起こる(s)	**geschah**	**geschehen**	es geschieht	geschähe
gewinnen 得る	**gewann**	**gewonnen**		gewönne/ gewänne
gießen 注ぐ	**goss** du gossest	**gegossen**		gösse
gleichen 等しい	**glich**	**geglichen**		gliche
gr<u>a</u>ben 掘る	**gr<u>u</u>b**	**gegr<u>a</u>ben**	ich grabe du gräbst er gräbt	grübe
greifen つかむ	**griff**	**gegriffen**		griffe
haben 持っている	**hatte**	**geh<u>a</u>bt**	ich habe du hast er hat	hätte
halten 保つ	**hielt**	**gehalten**	ich halte du hältst er hält	hielte
hängen 掛かっている	**hing**	**gehangen**		hinge
h<u>e</u>ben 持ちあげる	**h<u>o</u>b**	**geh<u>o</u>ben**		höbe
heißen …と呼ばれる	**hieß**	**geheißen**		hieße
helfen 助ける	**half**	**geholfen**	ich helfe du hilfst er hilft	hülfe/ 稀 hälfe
kennen 知っている	**kan<u>n</u>te**	**gekannt**		kennte
klingen 鳴る	**klang**	**geklungen**		klänge
kommen 来る(s)	**k<u>a</u>m**	**gekommen**		käme

不 定 詞	過去基本形	過 去 分 詞	直説法現在	接 続 法 II
können …できる	**konnte**	**gekonnt/** **können**	ich kann du kannst er kann	könnte
kriechen はう(s)	**kroch**	**gekrochen**		kröche
laden 積む	**lud**	**geladen**	ich lade du lädst er lädt	lüde
lassen …させる, 放置する	**ließ**	**gelassen/** **lassen**	ich lasse du lässt er lässt	ließe
laufen 走る, 歩く (s, h)	**lief**	**gelaufen**	ich laufe du läufst er läuft	liefe
leiden 苦しむ	**litt**	**gelitten**		litte
leihen 貸す, 借りる	**lieh**	**geliehen**		liehe
lesen 読む	**las**	**gelesen**	ich lese du liest er liest	läse
liegen 横たわっている	**lag**	**gelegen**		läge
lügen 嘘をつく	**log**	**gelogen**		löge
meiden 避ける	**mied**	**gemieden**		miede
messen 計る	**maß**	**gemessen**	ich messe du misst er misst	mäße
mögen 好む	**mochte**	**gemocht/** **mögen**	ich mag du magst er mag	möchte
müssen …しなければ ならない	**musste**	**gemusst/** **müssen**	ich muss du musst er muss	müsste
nehmen 取る	**nahm**	**genommen**	ich nehme du nimmst er nimmt	nähme
nennen 名づける	**nannte**	**genannt**		nennte

不 定 詞	過去基本形	過 去 分 詞	直説法現在	接 続 法 II
preisen 称賛する	**pries**	**gepriesen**		priese
r<u>a</u>ten 助言する	**riet**	**ger<u>a</u>ten**	ich r<u>a</u>te du r<u>ä</u>tst er r<u>ä</u>t	riete
reißen 裂ける(s); 裂く(h)	**riss** du rissest	**gerissen**		risse
reiten 馬で行く(s, h)	**ritt**	**geritten**		ritte
rennen 駆ける(s)	**rannte**	**gerannt**		rennte
riechen におう	**roch**	**gerochen**		röche
r<u>u</u>fen 呼ぶ, 叫ぶ	**rief**	**ger<u>u</u>fen**		riefe
schaffen 創造する	**sch<u>u</u>f**	**geschaffen**		sch<u>ü</u>fe
scheiden 分ける	**schied**	**geschieden**		schiede
scheinen 輝く, …に見える	**schien**	**geschienen**		schiene
schelten 叱る	**schalt**	**gescholten**	ich schelte du schiltst er schilt	schölte
schieben 押す	**sch<u>o</u>b**	**gesch<u>o</u>ben**		sch<u>ö</u>be
schießen 撃つ, 射る	**schoss** du schossest	**geschossen**		schösse
schl<u>a</u>fen 眠る	**schlief**	**geschl<u>a</u>fen**	ich schl<u>a</u>fe du schl<u>ä</u>fst er schl<u>ä</u>ft	schliefe
schl<u>a</u>gen 打つ	**schl<u>u</u>g**	**geschl<u>a</u>gen**	ich schl<u>a</u>ge du schl<u>ä</u>gst er schl<u>ä</u>gt	schl<u>ü</u>ge
schließen 閉じる	**schloss** du schlossest	**geschlossen**		schlösse

不 定 詞	過去基本形	過去分詞	直説法現在	接続法 II
schneiden 切る	**schnitt**	**geschnitten**		schnitte
***er*schrecken** 驚く	**erschrak**	**erschrocken**	ich erschrecke du erschrickst er erschrickt	erschräke
schreiben 書く	**schrieb**	**geschrieben**		schriebe
schreien 叫ぶ	**schrie**	**geschrie[e]n**		schriee
schreiten 歩む(s)	**schritt**	**geschritten**		schritte
schweigen 黙る	**schwieg**	**geschwiegen**		schwiege
schwimmen 泳ぐ(s, h)	**schwamm**	**geschwommen**		schwömme/ schwämme
schwören 誓う	**schwor**	**geschworen**		schwüre/ 稀 schwöre
sehen 見る	**sah**	**gesehen**	ich sehe du siehst er sieht	sähe
sein ある, 存在する	**war**	**gewesen**	直説法現在　　接続法 I ich bin　　sei du bist　　sei[e]st er ist ·　　sei wir sind　　seien ihr seid　　seiet sie sind　　seien	wäre
senden 送る	**sandte/ sendete**	**gesandt/ gesendet**		sendete
singen 歌う	**sang**	**gesungen**		sänge
sinken 沈む(s)	**sank**	**gesunken**		sänke
sitzen 座っている	**saß**	**gesessen**		säße
sollen …すべきである	**sollte**	**gesollt/ sollen**	ich soll du sollst er soll	sollte

不 定 詞	過去基本形	過去分詞	直説法現在	接続法 II
sprechen 話す	**sprach**	**gesprochen**	ich spreche du sprichst er spricht	spräche
springen 跳ぶ(s, h)	**sprang**	**gesprungen**		spränge
stechen 刺す	**stach**	**gestochen**	ich steche du stichst er sticht	stäche
stehen 立っている	**stand**	**gestanden**		stünde/ stände
stehlen 盗む	**stahl**	**gestohlen**	ich stehle du stiehlst er stiehlt	stähle/ 稀 stöhle
steigen 登る(s)	**stieg**	**gestiegen**		stiege
sterben 死ぬ(s)	**starb**	**gestorben**	ich sterbe du stirbst er stirbt	stürbe
stoßen 突く(h); ぶつかる(s)	**stieß**	**gestoßen**	ich stoße du stößt er stößt	stieße
streichen なでる	**strich**	**gestrichen**		striche
streiten 争う	**stritt**	**gestritten**		stritte
tragen 運ぶ	**trug**	**getragen**	ich trage du trägst er trägt	trüge
treffen 出会う	**traf**	**getroffen**	ich treffe du triffst er trifft	träfe
treiben 駆りたてる	**trieb**	**getrieben**		triebe
treten 踏む(h); 歩む(s)	**trat**	**getreten**	ich trete du trittst er tritt	träte
trinken 飲む	**trank**	**getrunken**		tränke
tun する, 行う	**tat**	**getan**		täte

不 定 詞	過去基本形	過 去 分 詞	直説法現在	接 続 法 II
verderben だめになる (s); だめにする (h)	**verdarb**	**verdorben**	ich verderbe du verdirbst er verdirbt	verdürbe
vergessen 忘れる	**vergaß**	**vergessen**	ich vergesse du vergisst er vergisst	vergäße
verlieren 失う	**verlor**	**verloren**		verlöre
wachsen 成長する (s)	**wuchs**	**gewachsen**	ich wachse du wächst er wächst	wüchse
waschen 洗う	**wusch**	**gewaschen**	ich wasche du wäschst er wäscht	wüsche
weisen 指示する	**wies**	**gewiesen**		wiese
wenden 向きを変える	**wandte/** **wendete**	**gewandt/** **gewendet**		wendete
werben 募集する	**warb**	**geworben**	ich werbe du wirbst er wirbt	würbe
werden …になる (s)	**wurde**	**geworden/** 受動 **worden**	ich werde du wirst er wird	würde
werfen 投げる	**warf**	**geworfen**	ich werfe du wirfst er wirft	würfe
wiegen 重さを量る	**wog**	**gewogen**		wöge
wissen 知っている	**wusste**	**gewusst**	ich weiß du weißt er weiß	wüsste
wollen 欲する	**wollte**	**gewollt/** **wollen**	ich will du willst er will	wollte
ziehen 引く (h); 移動する (s)	**zog**	**gezogen**		zöge
zwingen 強制する	**zwang**	**gezwungen**		zwänge